JN319734

僕らが世界に出る理由

石井光太 Ishii Kota

★――ちくまプリマー新書

198

目次 * Contents

はじめに……7

第一章　海外へ飛び出すために……11
なぜ旅に出たのですか
外国へ行くメリットってなんでしょう
海外で目標を具体化するためには何が必要ですか
直感を信じるにはどうすればいいのですか
人と一緒の旅はどこがダメですか
イメージと現実のギャップはなぜ起きるのですか
正論って正しいんですか
一人旅をすれば真実を見つけることはできますか
旅の中で一歩踏み込むにはどうすればよいですか
どのようにして不安を打ち消せばよいですか

第二章　個を創造する学び方……75
何をどう勉強してきましたか
うまくいく人といかない人はどこが違うのですか
ただ努力してもうまくいかないのはなぜですか
どうすれば「新しさ」という武器を手に入れることができますか
行き詰ったらどうすればいいのでしょうか
若い時だからできることってなんでしょう
早いうちに世に出ると、どういうメリットがありますか
若いからこそ得られるチャンスって何ですか
第三章　知っておきたいメディアの現実……135
メディアが報じることは事実なんですか
現場へ行かなければ、現実を知ることはできないのですか
会社員とフリー、どちらがやりたいことができますか

取材はどのようにしていますか
取材で話を聞くとき、どうすれば嫌がられませんか
一人で取材するって、大変じゃないですか
苦労してまで描きたいものはどうすれば見つかりますか
今のメディアの役割ってなんですか
一つのコンテンツが影響力を持つのは難しいのですか

第四章 **世界のためにできること**……199
有意義な募金ってあるのですか
なぜ全員に当てはまる支援がないのですか
こぼれ落ちる人に何ができるのですか

おわりに……216

はじめに

これまで私は世界各国を回り、ルポルタージュをはじめとした様々な本を出してきました。きっかけは大学一年の時にパキスタンとアフガニスタンへ行ったことでした。そこからアジア、中東、南米などをまわり、二十代の頃から作家としての仕事をスタートさせたのです。現在は、海外ばかりでなく、日本を舞台にしたルポルタージュも多く手がけています。

このような経歴を持っているからでしょうか。世界を舞台にして何かやりたいと思っている若い読者から相談を受けることが頻繁にあります。たとえば先日ある大学で講演したところ、一人の女の子が控室にいた私のもとにやってきてこんな質問を投げかけてきました。

「アフリカで難民を助ける仕事をしたいんです。アイディアがあるのでそれを実現したい。だけど、親からは反対されていて、内定が決まっている会社に就職しろと言われています。どうすればいいですか」

私はこの種の相談を受けると、思わず微笑んでしまいます。

きっと彼女は、自分の中ではやりたいことは決まっているのです。今、アフリカに行って自分のアイディアを実現しなければ、おそらく一生その機会を失うだろうし、後悔しつづけるだろうというところまで考えているのです。

しかし、彼女は頭がいいので、同時に親の主張が正論だということもわかっています。彼女としては、その正論を論破するだけの材料もなければ、自信もないし、味方もいない。このままでは自分は親の正論の前に屈しなければならない。だから、助けを求めるようにして、私のところにやってきて相談をしたのでしょう。

人生というのは、タイミングと選択です。

「いつ、何をやるか」

それですべて決まるのです。物事をやる人とやらない人との違いは、本当にしかるべき時にしかるべきことをやるかやらないかなのです。それが人生の分かれ目になる。

おそらく、すべての人がそのことを知っているはずです。なのに、なぜやる人とやらない人に分かれてしまうのか。それは十人いれば九人が、その一歩を踏み出すことをためらってしまうからなのです。

これから私が本書で目指すのは、今まさに分岐点で立ち止まって、やるかやらないかで迷っている人たちの背中を押すことです。みなさんの膨れ上がっている気概に火をつけて走りだしてもらうことです。

どうすれば、それができるのか。

簡単です。それは世の中の摂理をそのままの形で受け止めて考えればいいのです。みなさんが一歩を踏み出すことをためらっているのは、世の中の摂理をわざわざ難しく考えて、自分をがんじがらめにしてしまっているからなのです。

考えてみてください。たとえば、子供はサッカー選手になりたいと思えば、泥だらけになって必死に練習します。しかし、大人は「もう年齢的に遅い」とか「生活がある」などと言い訳をしてやろうとしません。どちらがまっとうで、サッカー選手になれる可能性があるかといえば、必死になって頑張る子供の方でしょう。

私たちは知らず知らずのうちに、当たり前のことを当たり前と考えられなくなっています。だから、ガチガチに固まってしまって、一歩を踏み出せなくなってしまいます。

この本で提示するのは、現在のグローバル化した世界の中で、何が当たり前の考え方であり、何をしなければならないのかということです。

おそらく、みなさんの中にやりたいことはもう決まっているはずです。だからこそ、私はみなさんの背中を押すことで一歩を踏み出させたい。

あなたが一歩を踏み出せば、確実に世界は変わります。そして、それによって、確実に社会は豊かになる。

この本を読み終わった時、みなさんがすぐさま夢に向かって前進する。そんな話をしていきたいと思います。

第一章

海外へ飛び出すために

なぜ旅に出たのですか

海外へ出て行こうとする理由は、人それぞれでしょう。

子供の頃に親と一緒に海外旅行へ行ったのがきっかけで外国に目を向ける人もいれば、外国人と付き合ってその国へ行ってみたいと思う人もいます。あるいは、好きな映画や小説の舞台となっている国を訪れたいと思う人もいるはずです。

私自身のことをふり返れば、三つの理由があったと思います。「家族の影響」「時代の影響」「自分自身の関心」です。

父は舞台美術家という仕事をしていました。演劇、オペラ、ミュージカル、バレエといった舞台のセットを考案してデザインする職業です。父は大学を卒業した後にイギリスに留学し、大学の同級生だった母もまた後にイギリスにわたりました。また、叔父は中南米の雑貨を卸す会社を経営していました。そうしたことから、家族の中では海外へ行くということが当たり前であるかのような雰囲気があったのです。

時代の影響もあったと思います。私が高校生ぐらいの時に沢木耕太郎《さわきこうたろう》さんの『深夜特急』が完結し、辺見庸《へんみよう》さんの『もの食う人びと』がベストセラーになり、大学生の頃に猿岩石《さるがんせき》のユーラシア大陸横断が大ヒットしました。そのため、多くの若い人がバックパックを背負って海外へ行くようになったのです。私も多分に漏れず、そうした空気に飲まれていました。

また、後述しますが、私は子供の時から物づくりをしたいと考えてきました。物づくりには人間の根源的な姿を見つめることが大切です。しかし、豊かな日本ではなかなか人間の本質的な部分を凝視することができないと思っていた。だからこそ、一度自分を海外へ放り出さなければならないという気持ちがありました。

大学に入学した後、私はこの三つの理由から海外へ行こうと決心していました。とはいえ、どこの国にするか考えはまったくありませんでした。両親が欧州、叔父が中南米、弟がアメリカに留学した経験があったので、私は漠然と彼らとは違うところへ行きたいと思っていた。常に人とは違うことをしたいという気持ちがあったのです。

そんな時、大学の仲良くしていた同級生が作家の沢木耕太郎さんの『深夜特急』を読んで、「インドへ行く！」と言い出しました。私はそれを聞いてこう考えました。

「それならば自分はインドよりもっとすごいところへ行ってやろう」

それで世界地図を広げたら、インドの上にパキスタン、アフガニスタンという国があった。パキスタンはほとんど聞いたことがない国だったし、アフガニスタンは『ランボー3　怒りのアフガン』という映画を観たことがあったので戦争をしているらしいという知識しかありません。

それでもひかれたのは、きっとそこに行けば、自分が求めている何かが見つかると思ったからでしょう。この時はまだまったく無自覚でしたが、とりあえず大学の帰りに新宿の紀伊國屋書店に行ってみたら、『地球の歩き方　パキスタン』という本があった。それで行くことを決意しました。

これが私にとって最初の海外への旅だったのです。

理由なんてない

当時私はまったくの海外旅行未経験者でした。飛行機のチケットをどうやって取ればいいのかすらわかりません。

空港へ行って電車の切符を買うように自動販売機で購入するものと考えていたところ、直前になって親からチケットは旅行代理店で買うものであり、それ以外にもパスポートの取得などが必要と教えられました。私は慌ててそれらを準備しに走らなければなりませんでした。出発の日だっていい加減なものです。持参したのは、大学に通学する際につかっていた小さなリュック。そこにTシャツとパンツと靴下を二枚ずつ入れ、前日にあわてて買った使い捨てカメラが二つ。あとは現金がアルバイトで貯めた十万円ほど。これで一カ月以上滞在することにしたのです。

万事がこんな調子でしたから、成田国際空港からパキスタン航空（成田発、北京経由、イスラマバード着）に乗って絶句しました。客室の中は目が開けられないぐらいに煙草の煙が立ち込めていて（当時は喫煙席があった）、座席には怪しい髭《ひげ》を生やしたパキスタン人の男だけがぎっしりとすわっています。

周囲から聞こえてくるのは、ウルドゥー語ばかり。航空時間は十五、六時間だったと思いますが、その間私はパキスタン人が恐ろしく、ほとんど寝たふりをして過ごしていました。心の中はひたすら後悔と望郷の念が渦巻いていましたが、すでにさいは投げられてしまっていたのです。

冒頭から恥ずかしい体験ばかり書いていますが、これが最初に海外へ出ようと思い、パキスタン、アフガニスタンへと出発した経緯です。すでにおわかりのように旅自体に大それた目的があったわけではありません。予備知識もまったくといっていいほどないまま、漠然と抱いていた海外へ行くんだという思いを実行に移しただけでした。しかし、後に書くように、これが私の作家としての第一歩になるのです。

ここで、みなさんにわかっておいてもらいたいのは、旅に出るのに大それた理由なんて必要ないということです。外国を旅するというのは、それ自体が到達点であるわけではなく、あくまで何かのきっかけでしかありません。

大切なのは、まず「海外へ行ってみる」ということです。そこで海外で何かをしたいと思えばそうすればいいですし、海外で得たものを日本で応用して何かを成し遂げたいと思えばそうすればいい。あるいは、外国へ行ってみてもまったく興味を抱くことができなければ、自分は日本で生きるのだという信念を強くして日本で生きていけばいいのです。

要は、海外へ行ってみることで、そうしたきっかけを自分の手で生み出すことが重要なのです。

外国へ行くメリットってなんでしょう

若い人の中には、「外国へ行くことに何の意味があるのですか」という言い方をする人がいます。非常にバカバカしい意見です。

考えてみてください。このご時勢に、「コンピューターに詳しくなって何の意味があるのか」とか「運動をして何の意味があるのか」と堂々と尋ねる人がいるでしょうか。社会で生きるのにコンピューターをつかえなければならないのは当たり前ですし、健康のために体を動かした方がいいのはいうまでもないことです。

海外へ行くことについてもまったく同じです。グローバル社会の中で生きる私たちにとって、海外へ出て、見知らぬ文化を肌で知ることは、あらゆることに役立つはずなのです。それに対して「意味があるのか」と問うのは、単純に「私は行く勇気がありません」と公言しているのと同じでしょう。

海外へ行くことでしか得られないことは、数え切れないほどあります。外国人のまったく違うものの見方を知ったり、戦争や貧困が引き起こすバックボーンとなる社会構造を体感したり、世界において日本がどういう位置づけにあるのかを理解したり、社会と宗教の関係性を学んだり……。もっと日常的なことであれば、料理の味付け、若者の恋愛観、音楽のリズムの違いを知ることもあるでしょう。本人がその気になりさえすれば、あらゆるものが自分の肥やしとなりえるはずです。

私自身も大学一年のパキスタンへの旅で首都イスラマバードに降り立ち、数え切れないほどのことを学びました。むろん、初めから自由に旅行をして、スイスイと多くのことを学び取っていたわけではありません。初めて飛行機を降りた時は、突然客引きのパキスタン人数十人に囲まれて泣きそうになり、たまたまそこにいた一人の日本人女性にホテルへ連れて行ってもらって一命を取り留めた気になりました。しかし、翌日からは自力で一カ月以上旅をしていかなければなりません。なんせ帰りの便がカラチという別の町から出発し、一カ月以上も先なのですから。

恐る恐る外へ出てみると、そこで遭遇する出来事は驚きの連続でした。路上で物売りをする小学生ぐらいの子供が流暢《りゅうちょう》な英語で宗教論を挑んできてコテンパンにされたり、街角の安っぽい食堂で食事を取ったら虫のわいた残飯を食わされたり、日本製のペンをくれと言われてあげたらお返しにハッシシ（大麻の樹脂）の塊をポケットにねじ込まれたり。

地理を把握せずに難民に誘われてそのままアフガニスタンまで行ったら、銃声の鳴り響く中で授業を行なっている小学校に到着したこともあります。子供たちは銃声などまったく気にせずに勉強をしていました。大学一年生の私にとって、こうした光景や出来事は想像を絶するものであり、自分が経験してきた日本の生活というのが、いかに狭く小さなものだったのかを思い知らされました。

やがて、私は自分の人生を百八十度変えてしまう体験をします。いや、たぶん私が心の底で求めていた体験をすることになるのです。

荒野に埋め尽くされたアフガニスタン難民キャンプを訪れた時のことでした。砂埃《すなぼこり》だらけの未舗装の道路に、障害のある物乞《ものご》いたちがずらっと見渡す限り並んでいたのです。ほとんどが戦争による犠牲者でした。地雷で足を失った人、砲弾で失明した人、まだ血の滲《にじ》む包帯を体中に巻いて横たわっている人などです。

彼らは人が通りかかるたびに、地獄の亡者のように細い手を差し伸べて、悲痛な声で「一ルピーください」と訴えます。働けない以上、物乞いをして食いつないでいくしかないのです。

「本当」を描きたい

私はこうした物乞いに足や腕をつかまれ、どうしていいかわからなくなりました。まるで地獄の亡者にしがみつかれたような気持ちでした。私は混乱し、彼らの腕を払って逃げることしかできなかったのです。

難民キャンプでの体験は、私の価値観をひっくり返しました。私は東京の世田谷区という高級住宅地に生まれ、子供時代をバブルの絶頂の中で過ごし、大学一年で海外旅行をする前まで貧困ということを意識したことさえありませんでした。

しかし、目の前に広がっているのは、貧困としか表現できない圧倒的な現実です。たった十数時間飛行機に乗っただけで、こうした現実が本当にあるのだということを痛感させられ、私の中に「一体世界はどうなっているのか」「人間が生きるとはどういうことなのか」など様々な思いが去来しました。はっきり言って、パニックでした。

この日は、いったんホテルにもどり、一晩かけてゆっくりと目にした光景を考え直しました。まだいろんな動揺がありましたが、少しずつ興奮が収まってくるにつれて思ったのは、次のようなことです。

「この人たちを描きたい。理由はわからないけど、この人たちの『本当』を描かなければならない」

NGOの活動をしている人であれば、「助けたい」「支援したい」と考えたかもしれませんね。しかし、私は作家を目指す若者として「描かなければならない」と考えたのです。もちろん、まだしっかりとした言語にすることはできませんでしたが、とにかくそれを言語化しなければならないという思いが自分の中で使命感のように沸《わ》き起こったのです。

こう思うに至ったのは、きっと私がすでに物書きになることを目指していたからでしょう。中高生ぐらいの時からすでに文章修業をはじめていましたし、大学も日本大学藝術《げいじゅつ》学部文芸学科という文章表現を勉強するコースに進学しました。作家として生きるということしか考えていませんでした。だからこそ、自分が何をしなければならないかと考えた時、目の前の光景を描いて作品にするというところまで具体的なイメージを抱くことになったのです。

私はこの「具体的にイメージする」ということが、とても大切だと思っています。それまでは「作家になりたい」という漠然とした気持ちがあっただけで、具体的に「何をどう描くか」という目的地が見えていませんでした。

おそらく「〇〇になりたい」と思っている若者の多くがそうではないでしょうか。だからあっちこっちに意識がいってしまい、結果として焦点がブレてしまうのです。しかし、私の場合幸運なことに大学一年生の時にアフガニスタン難民キャンプを訪れたことで、自分のやるべきことが鮮明な形となって見えたのです。

目的を具体化する

目的が具体化すると、そこにいたる道筋を考えることができます。逆算して何をどうやっていけばいいのかがわかるのです。

路上にすわり込んでいる物乞いを描くには、何を勉強して、どんな経験をつんで、書いていけばいいのか。日常の行動をすべてその目標に合わせて生きていくことができるのです。

作家になりたいというだけで手探りで物を書いている時と、目的がはっきりと定まった時とでは何もかもがまったく違うことはおわかりでしょう。

私はこの「目的の具体化」という作業は、すべての人にとって最重要課題の一つだと思っています。何かを成し遂げるには、どこかで目的を具体的なイメージに変えなければなりません。

たとえば、漠然と「プロ野球選手になりたい」と思って練習をつんでいる人と、「こういう軌道のカーブで打たせて取ることができるようになりたい」とイメージして練習をする人とでは違うのはわかるでしょう。あるいは、単純に「料理人になりたい」と思って料理をする人と、「この食材をこういう調理法で料理したい」と考えて修業をしている人とでは違います。目的をイメージとして具体化しなければ、目的を実現することが非常に困難になってしまうのです。

では、なぜそこで海外へ行くことが大切なのか。

私は夢を具体化するためには必ずしも海外へ行くことが必要だとは思っていません。しかし、現実にこれまで成功した人の経歴を見てみると、何かしらの形で若い頃に海外へ行ったことのある人の方が多い。それは、海外の異文化の中に身を置くと、目標をより具体化しやすいからなのです。

海外に滞在すれば、まわりはすべて見たことも聞いたこともないものであり、自分が抱いていた価値観や方法論といったものはまったく通用しません。日本であれば「百四十キロのボールを投げられれば打たれないだろう」とか「この味付けであれば、たいていの人は美味しいというだろう」という基準がありますが、外国だとそれがまったく通用しないのです。

だからこそ、自分に足りないところ、これから先にやらなければならないこと、そして最後に到達するところのイメージがより鮮明になってきます。

「アメリカ人投手がつかうこの変化球を日本人はほとんどつかわないし見たことがないだろうから、これを習得すれば日本で大きな武器になる」

「フランス人が食べる料理のこの味は日本人に合うし、あまり知られていないから、これをつかったコースをつくったら人気を呼ぶにちがいない」

そう考えられるのです。だからこそ、その人は日本にもどってきた時、「**規格外の武器**」を持ったプロとして通用しやすいのです。

これは私の体験でも同じです。もし日本で机上の勉強だけをしていれば、「海外の貧困とはこんなものだろう。すでにこういう文献があるから、それを詳しく書けばきっと本として出版できるにちがいない」といったような考え方で勉強をし、原稿を書いていたでしょう。

しかし、これは大きな落とし穴です。「そういう本がすでに出ている」のならば、新人が同じことをやっても「二冊はいらない」と出版にいたらないことが大半なのです。

ところが、私の場合はアフガニスタン難民キャンプで物乞いをする障害者の群れを見たことで、日本では絶対に目にすることのできない光景に衝撃を受け、それを描きたい、描かなければならない、と思った。その時点で他の人とは違うテーマを持つことができましたし、目的が具体化されたので、なすべきことが明確になった。

ここまで道筋が整えば、あとはそれを成し遂げるために必要なことを身につけて実行に移すだけです。行くべき国を選び、その歴史や国際関係を勉強し、語学を身につけ、取材の方法論を考えていけばいい。目的があるからこそ、それに対して必要なことを的確にできる。だからこそ、焦点が合い、かつ独自の視点での作品をつくり上げることができたのです。

むろん、海外へ行ったからといって、かならずしも一度目で目的が具体化されるとは限りません。運もあります。しかし、もしそこに可能性が少しでもあるのならば、絶対にやってみる価値はあるのです。

たとえば日本に留まっていて目的を具体化できる可能性が一パーセントしかないとしましょう。しかし、海外へ行けば三パーセントぐらいに増える。みなさんの中には三パーセントを低いと捉《とら》える人もいるかもしれませんが、本気で夢を叶《かな》えようとしている方であれば、三倍と聞いた瞬間に飛びつくはずです。

たった数カ月、たった数十万円払って海外へ行けば、その率が三倍もあがるなんて夢のようではないですか。

要は、その人がそう思えるほど夢の実現に飢えていて、それに飛びつけるかどうかが、物事の明暗を分けることになるのです。

海外で目標を具体化するためには何が必要ですか

たしかに、海外へ行っても決してみんながみんな夢を実現できるとは限りません。三パーセントの可能性といっても、一回目で当たる人もいれば、百回やっても当たらない人もいます。そういう人は行くたびに落胆して帰って来なければなりません。

うまくいかないのには、様々な理由があります。ただ、私は失敗の大きな要素として次のことがあると考えています。

「せっかくあなたなりの新しい価値観を見出して目的を具体化できるチャンスを手に入れていても、それに既存の価値観を押し付けて台無しにしてしまっている」

私は大学一年生の時にパキスタンやアフガニスタンで物乞いをする障害者を見てそれを描こうと思い、実行して作家としてスタートを切りました。でも、同じような光景を目にした作家志望の人は大勢いたはずです。

なぜ彼らは私がしたようにできなかったのでしょう。

おそらく彼らは、そうした光景を目にした時、既存のフィルターを通して彼らを見てしまったのだと思います。たとえばユニセフやニュースが報じるように彼らを「貧しくかわいそうな人」として捉えて、それ以上考えないようにしたか、あるいは募金によって貧困をなくそうと考えたのではないでしょうか。

しかし、物乞いの障害者を「貧しくかわいそうな人」と報じるメディアはこれまでに数え切れないぐらいありましたし、募金という既存の方法論でアプローチしようとする人は大勢います。つまり、「貧しくかわいそうな人」と捉えたり、募金をすれば何とかなると考えたりする時点で、それは「あなたの視点」ではなく、「借り物の他人の視点」でしかないのです。

必要なのはあなたにしかできない体験に基づいた唯一無二の「あなたの視点」なのです。

あなた独自の新しい視点

では、私はどのように彼らを見たのか。途上国で貧困の光景を目にした時、物乞いをする障害者が奥さんや子供を持っていることに注目したのです。奥さんがいるということは結婚したり、夫婦生活を送ったりしているわけだし、子供がいるということはセックスしているわけです。

「それなら、物乞いをしている障害者はどのように恋愛をして、子供を産んで、いくら稼いでいるのか」

そんなところに目をつけ、調べはじめたのです。結果として、こういう見方は、それまで誰もやっていないことでした。ゆえに「新しい独自の視点」となり、取材し、書き上げた原稿が、これまでになかった世界観を切り開いた作品として世に受け入れられたのです。

これはどの分野においても当てはまることです。料理人の例で考えてみましょう。

たとえば、フランスへ行った料理人が新しい素材を見つけて「おいしい」と思ったとします。その時、「日本料理にはこの素材はつかわない」という既存の考えで使用するのをやめてしまったり、「こういう辛い味は日本人の舌に合わない」と決めつけてしまったりすれば、そこで新しいものが生まれる可能性はなくなります。

しかし、「日本料理をどう変化させれば、この美味しさを取り入れることができるか」と考えれば、新しい日本料理が生まれます。つまり、既存の価値観に捉われずに、いかに自分が直感で感じたことをそのまま形にできるかが大切なのです。

会社の世界でも同様です。アップルの創業者スティーブ・ジョブズの例を出しましょう。ジョブズは若い頃、パソコンを一般に普及させたいと悩んでいました。しかし、それまでのパソコンは操作方法が難しく、知識のない人が手軽に扱えるようなものではありませんでした。

そんな時、彼はゼロックス社の工場に見学に行きました。そこで、たまたまゼロックスのコンピューターに当時は普及していなかったマウスがついているのに気がついた。彼はそれを見て、「マウスを導入すれば、パソコンの操作は簡単になり、一般に普及させることができる」と思いつき、マッキントッシュというパソコンをつくったのです。

工場で同じコンピューターを見学したのは数千人はいたはずなのに、マウスをパソコンに導入すれば初心者にも受け入れられると考えたのは彼一人でした。おそらく他の数千人は「パソコンは専門家のもの」とか「マウスなんて知られていない」という既存の考え方でパソコンを一般に流通させる可能性をつぶしてしまっていたのでしょう。

では、ここに気づく人とそうでない人とでは、どのように違うのでしょう。気がつく人には、大きく二つのステップがあります。

①四六時中「これをやるにはどうすればいいか」ということを考え、何に接っする時もそこに答えがないか探している。
②答えを見つける際に自分が持っている「直感」を信じることができる。

常に胸の中に「これをやるにはどうすればいいか」という気持ちを抱えていることは大切です。それがあるからこそ、ふと目の前に何かが現れた時、それを即座に自分の目的に応用することができる。小説家も料理人も発明家もありとあらゆるものを素材にできないか考えていますし、実際にそうしています。病的なまでに考えつづけることが大切なのです。

とはいえ、目標を持っている人の多くがそれをするためのヒントを絶えず考えているのも事実です。さらにいえば、新しい具材をつかってみようと考えた人や、マウスは便利かもしれないと考えた人は大勢いたはずです。ならば、それを実行に移して成功した人とそうでない人とではどう違うのでしょう。それは自分の「直感」を信じることができるか否かということにかかっているのです。

成功する料理人は具材に出会って「これだ！」と思った直感をもとに時間と労力をかけて形にするところまでこぎつけます。しかし、失敗する料理人は「これだ！」と思っても、なかなかそこに全財産と何年という歳月をかけることができず、結局失敗に終わる。

パソコンもそう。ジョブズは「マウスをつかおう!」と思い、自分の直感を信じて膨大な時間と労力を注ぎ込んでマッキントッシュを完成させた。しかし、そうでない人はそこまで自分の直感を信じることができなかったのです。

自分の直感を信じて実行すること。これは、非常に大きな冒険であることは間違いありません。よほど自分に対して自信がなければ、そこに労力やお金を投資することができない。だから大方の人は無意識のうちに「直感」で考えるのをやめたり、「直感」を切り捨てたりして無難な既存の方法に走ってしまうのです。特に企業など「安定」を求める組織に入れば、どうしてもリスクを回避するためにそういう方向へ進む。

しかし、これは明らかに間違っています。直感を信じて実行しない限り、新しいものが生まれることはありません。誰もやっていない道を進むからこそ、初めて新しいものが生み出されるのです。直感を得た時に「今だ!」と思ってすべてをかけることができなければ、どの道成功を勝ち得ることはできないのです。

直感は、一生のうちかならず何度か人の頭に降りてきます。それを信じることができるかできないか。

そこで道が分かれるのです。

直感を信じるにはどうすればいいのですか

直感というのは、物事を感覚的に捉えることを示します。新幹線の中で居眠りして目を覚ました瞬間に窓の外に広がっている情景に感動するとか、たまたま入ったレストランの料理に感銘を受けるとかそういうことですね。理屈ではなく、ありのままの感覚です。

多くの方は、直感と聞くと生まれ持って身についている才能のようなものだと思うでしょう。しかし、そうではない。直感は努力によってみがかれ、鍛えられるものなのです。

「面白い」ということを例にとりましょう。本の世界であれば何百冊、何千冊と読むからこそ、次第に自分の中で感覚が磨かれて、本当に面白い本を直感的にわかるようになるのです。ゲームだってそうですよね。いろんなゲームをやるからこそ、初めて本当に面白いゲームを感覚的に見抜くことができる。

「美しい」ということにおいても同じです。何万という花を見た経験があるからこそ、初めて直感で美しい花がどれかがわかる。芸能界のスカウトだって同じ。美しいタレントをたくさん見たことがあるから、売れる美人を一瞬で見抜くことができるのです。

もちろん、人は誰もが直感を持っています。しかし、生まれつき持っている直感そのままでは社会では武器となるまでにはいたりません。直感が社会の中でその人の武器となるには、努力によって磨かれ、鍛えられなければならないのです。

しっかり努力した人なら、ある程度の直感を持っているはずです。しかし悲しいかな、たとえ素晴らしい直感を持っていたとしても、それを有効活用しているのはごく一部の人たちだけです。なぜならば自分の努力に相当の自信がない限り、直感に自信を持って行動にまでいたることは難しいからです。

直感は努力によって磨かれる

以前、ある有名な将棋のプロ棋士がインタビューで同じようなことを話していました。詳しい内容は覚えてないのですが、次のような趣旨だったと記憶しています。

「将棋で次の手を考えるのは、直感である。直感によって出てきた決断は多くの場合正しい。あとは自分がどれだけ自信を持ってその直感通りに行動できるかだ。ただ、自分の直感に自信を持てるかどうかは、それまでどれだけ努力してきたかにかかっている」

　将棋において駒の指し方は数えきれないほどあります。練習をつみ重ねていけば、「ここに指せば勝てるのではないか」という直感が身につきます。本来はその通りにやれば多くの場合勝つことができる。

　しかし、直感がかならずしも一般的な方法論と合っているとは限りません。自分自身に努力してきた自信がなければ、「僕の直感は間違っているのではないか」という不安が次々と浮かんできて、それを指す自信がなくなる。そういう人は「一般的な方法論の方が安心だ」と思って、無難に指し、結果として負けてしまう。いざという時に自分の直感を信じて決断できるのは、その人がどれだけ努力によって直感を磨いて、自分に自信が持てるようになったかということに等しいのです。

　スポーツも同じですね。ピッチャーにとって理想的な配球というのはあります。しかし、それをすれば絶対に三振が取れるわけではない。どこかで自分の直感で配球を変えなければなりません。その時に、自分の直感を信じて違う球種を投げられるかどうかは、自分の直感と球種にどれだけの自信があるかでしょう。すなわち、どれだけその球種を練習してきたかということなのです。

ビジネスだってそう。アイフォンが登場する前、多くの人間がタッチパネルの携帯電話があればかっこいいと思っていました。一度は使ってみたいと思っていたはずです。でも、日本の企業は次のように理屈をこねくり回していた。

「タッチパネルは使い勝手が悪い」「爪《つめ》の長い女性はつかいたがらない」「ボタン式になれているので結局はそっちを選ぶ」……。

どれも一般的な考え方ですよね。それで日本の企業はスマートフォンの開発に人材と予算を投入するのをためらったのです。

一方、アップルを率いるジョブズは違った。彼が自分の直感を信じて、タッチパネルのスマートフォンならば絶対に売れると考え、そこに対して資本を投入し、アイフォンをつくった。これが爆発的な人気を呼び、世界の携帯電話の主役へと躍り出ることになったのです。

日本の企業の経営者と、アップルのジョブズの違いは何だったのか。細かく見ればいろいろとあると思いますが、私は直感の差だと思っています。雇われ社長としてエリート街道を進んできた秀才と、多くの挫《ざ》折《せつ》をくり返しながら会社を大企業にした創業者とでは、直感の質が違う。そして直感に自信を持ってしっかりと行動に移す態勢が創業者にも会社にも備っている。私はこれこそが、明暗を分けた大きな要因の一つだと思っています。

では、みなさんはこれを参考になにをしなければならないのか。

それはとにかく若いうちから努力によって直感を鍛えつづけることです。若い頃は周りから聞こえてくる声は小さい。しかし、社会に出るとあちらこちらから、あなたの直感を否定する声が聞こえてくるようになるものです。

あなたが物事を成し遂げるには、そうした声を振り払うほどの自信を自分の直感に対して抱いていなければなりません。

それにはなるべく早いうちから努力をつみ重ねて直感を磨いていく必要があるのです。

人と一緒の旅はどこがダメですか

海外旅行をする方法は、大きく二つにわかれます。

一つ目が旅行会社やＮＧＯなどが主催するツアー。これに参加すれば、職員の人たちが宿泊先から見学先まですべて案内してくれて、短い期間で効率よく見所を回ることができます。

二つ目が、一人旅です。こちらはチケットやビザの手配から宿泊先探しまであらゆることを自分で決めなければなりません。

旅の目的によって、どちらを選ぶかは違ってきます。短い時間で効率的に回りたいのならばツアーを選ぶべきでしょうし、自分のペースでゆっくりと歩きたいのならば一人旅を選ぶべきでしょう。かならずしも、どちらがいいと断言することはできません。

とはいえ、私は若い人には一度でいいから一人旅を体験してほしいと思います。ツアーに参加したり、友達と一緒に行ったりするのではなく、一から十までをすべて自分で決める旅をしていただきたいのです。

なぜか。それは、一人旅でしか得られないことがあるからです。

一人旅でしか得られない体験は無数にありますが、広い意味で共通するのが**「自分の弱点を知る」**ということです。海外に一人で身を置くと、日本にいては気づかない己の弱さをこれでもかというほど見せつけられるものです。

私自身、旅をはじめた頃はまさにそんなことの連続でした。日本にいると自分は大抵のことはできるような気になります。どこへだって一人で行けるし、何だって食べられるし、困ったことがあっても直感と要領で何とか乗り越えられる、と。当たり前ですよね、日本人なわけですから。

でも、日本を一歩離れれば、まったく違う現実をつきつけられる。電車やバスの乗り方もわからない、レストランのメニューを見ても何の料理のことか見当もつかない、歩いていたらいつのまにか治安の悪い場所に迷い込んでしまっている。通りがかりの人に尋ねようにも、どういう表現で尋ねればいいのかわからないし、尋ねたところでいい加減な返事をされて追い払われてしまう……。

自分が持っている知識も本当に小さなものでしかないことがわかります。私は初めて海外へ行くまで、自分がそこそこ物を知っている人間だと思っていました。しかし、パキスタンで小学生ぐらいの子供に宗教論で言い負かされてしまった時、自分が宗教について何にも知らないのだという現実に向き合わなければならなくなりました。イスラーム世界で生きている彼らと比べると、自分はほんのうわべの知識をお勉強として学んだことがあるに過ぎなかったのです。

海外でのこうした体験の中から気づかされるのは、それまで自分が普通に生きてこられたのは日本という環境があったからだということです。家族がいて、言語がわかり、常識が通用し、国が守ってくれているからこそ、日常をさしたる困難もなく過ごすことができたのです。でも、その環境が取っ払われたら、何にも支えてもらえない裸一貫の自分があらわになるだけ。赤ん坊と同じ、裸一貫で何もできない現実を思い知らされるだけなのです。

一人旅をした人は、おそらく現地で次の三つを痛感するでしょう。

・勇気のなさ
・知識のなさ
・己の狭量さ

こうした己の弱点から目をそらす方法はいくらだってあります。ツアーに参加すれば助けてくれる人が傍にいますので裸の無力な自分を突きつけられることはありません。そもそもそういう自分を見るのが嫌だから外国へ行かないという人だって大勢いるでしょう。人間であれば、自分の無力さに直面するのは嫌なものです。それを体験することなく、ぬくぬくと生きていきたいと願うのは不思議なことではありません。

しかし、自分の弱点を直視するとは、これから先何かを成し遂げるために埋めていかなければならないことをはっきりと自覚することと同義です。自分にはどの部分の気概が足りないのか、語学のどこが弱いのか、なぜ違う価値観を受け入れられないのか……若いうちに一人で海外へ行くと、そうしたことがはっきりとわかるので、自分の課題が明確になるのです。

若い人は、なるべくこうした経験をして、自分に足りない部分を認識しどんどん埋めていかなければなりません。

グローバル化された世界の中では、日本で一般に考えられている「必要なこと」と世界におけるそれとの間には大きな隔たりがあります。世界基準で多くの欠点を見つけて埋めていかなければ、広く何かをやろうとした時に物事は通用しません。

しかし、人がある程度自分に足りないところを埋めるには長い時間がかかるものです。最低でも数年という歳月が必要になる。いや、本当をいえば一生やりつづけなければいけないことなのです。だからこそ、人はできるだけ早いうちに自分に何が欠けていて何を埋めなければならないのかを認識する必要があるのです。

イメージと現実のギャップはなぜ起きるのですか

海外へ一人で行って、自分自身に不足している点を知ることは重要ですが、もう一つ一人旅でしか得られないことがあります。それは「固定観念を取り除く訓練ができる」ということです。

人は知らない物事に対して固定観念だとか、一般常識と呼ばれるものを貼り付けて考えようとします。たとえば、「ブラジル人はサッカーが上手だ」とか「黒人は音楽が得意だ」とか「フィリピン人女性は尻が軽い」だとかいいますよね。しかし、これは本当なのでしょうか。

実は現地へ行ってみると、この通説がかならずしも当てはまらないことがわかります。ブラジル人でもサッカーが下手な人は大勢いますし、黒人でもオンチな人は大勢います。フィリピン人の貞操観念は日本人よりずっと強く、デートの時は見張りの母親や兄弟がついてくるほどです。考えてみれば、同じ人間なわけですからいろんな人がいて当たり前ですよね。

では、なぜこうした通説がまかり通ってしまうのでしょう。

それは世界に氾濫《はんらん》する情報の多くが、物事の特徴的なところを切り取って強調する「ドラマ化された現実」であることが一因です。ニュースにしても、ドキュメンタリーにしても、普通は現実の何か一つに焦点を当ててそれをさらにズームしてお茶の間に流します。それゆえ、私たちはその事実を的確に理解することができるのです。

わかりやすい例が、「警察24時」のような番組が新宿の歌舞伎《かぶき》町を取り扱うケースでしょう。普通に歌舞伎町へ行くと、歌舞伎町は観光地のようなところであることがわかるはずです。中国人ツアー客がカメラを抱えて歩いていたり、高校生たちが楽しそうにお菓子を食べていたり、ビジネスマンが喫茶店で打ち合わせをしていたりしています。

しかし、いったん歌舞伎町がドラマ化されるとどうなるでしょうか。

「警察24時」で描き出される歌舞伎町は、ホストの馬鹿騒ぎ、不良たちの流血事件、風俗店などばかりです。凶悪犯罪が横行する街となるのです。

情報の作り手は、歌舞伎町で犯罪が多いという特徴を取り上げ、その部分をクローズアップすることで構造を浮き彫りにさせようとします。そうやって物事をわかりやすくつたえるのです。

それはそれで一つの現実に違いありません。でも、その一面だけが現実というわけではありません。本当の歌舞伎町を知らない人がそれを見れば、「警察24時」の世界が歌舞伎町の現実だと思い込んでしまいます。

これは海外に対する印象でも同じなのです。情報があふれる現代において、海外についてのそれはあらゆるところにあふれています。TV、新聞、雑誌、インターネット……。だけど、世の中に流れている海外の情報というのは、情報である以上歌舞伎町のそれと同じように「ドラマ化」されているのが常です。

フィリピンを描く時は有名な夜の街と貧困だけがクローズアップされます。もちろん、ナイトクラブの集まる場所があり、そこではホステスがたくさん働いているのは事実ですが、かといって国民全員がそうしているわけではない。そういう店の数は日本より少ないですし、庶民の貞操観念はとてもしっかりしています。

一度現地へ行って、庶民の生活を見てみれば簡単にわかることです。しかし、ほとんどの人たちは金銭的にも時間的にも行ってみることはできないので、切り取られた現実を通して理解しようとします。その結果、目の前にある情報が現実のすべてだと勘違いし、「フィリピン人女性は性的に淫《みだ》らだ」という印象を抱いてしまうのです。

スラムは本当に危険なの

私がこれを実感したのは、インドのスラムへ迷い込んだ時のことでした。

スラムは貧しい人が集まって住んでおり、治安が悪くとても危険だと言われています。ガイドブックにも「興味本位で近づくべきではない」というようなことが書かれていた記憶があります。もしツアーでインドへ行くことがあっても、基本的にツアーガイドは安全を保障しかねるという理由から、率先してスラム内部を案内してくれることはありません。

ところが、一人でスラムに足を踏み入れてみたところ、言われているような危険を感じる場所ではありませんでした。そこで暮らしている人たちが貧しいのはたしかだけど、普通の家族ばかりです。おじいさんも、子供も、赤ん坊も、日本のそれと同じように笑って、昼寝をして、恋人と手をつないでいる。話をしてみても、実に気さくな人ばかりでした。

私は驚いてそのことをスラムの住民に言いました。すると、彼はこう答えました。

「スラムはたしかに貧しいけど、それは農村と同じだよ。農村だって貧しいだろ。なんでスラムばかりが変な目で見られるのかわからないよ」

もちろん、悪い人もいないわけではありませんが、一部で固まっているだけで圧倒的多数を占めているわけではありません。歌舞伎町と同じで、わざわざそういう人たちが集まっている場所にいかない限り、スラムは単なる人の居住区でしかないのです。

これに気づいた時、私は次の考えに至りました。

「スラムは危険というのは、貧しい人たちを一括りにして『危ない人たち』と考えて隅に押しやっているだけなのではないか。何も知らずにそう考えることは、そこに生きている人の人格を否定していることと同じではないか」

スラムは危険だと言っているのは、被差別部落は危険だと言っているのと同じことです。本当はそういう固定観念を取っ払った上で、目の前にいる人と対峙《たいじ》して「この人はどういう人か」ということを一つひとつ考えていかなければなりません。そうしなければ、その人間を知ったことにはならないのです。

これはスラムなど一区域に限らず、国家に対しても当てはまります。私はアフリカにあるルワンダという国へ行くまで、その国が本当に恐ろしくて危険なところだと思い込んでいました。映画『ホテルルワンダ』などで描かれている民族紛争や大虐殺のイメージがあったのです。

けれど、実際に行ってみると、今現在のルワンダは「アフリカの奇跡」と称されるような経済発展を遂げた国なのです。近隣諸国の中でももっとも治安がよく、人が親切で、豊かな国。考えてみれば、内戦があったのは十五年ほど前のことなのに、そのイメージにとらわれていたのです。

近年のコロンビアについても同様です。コロンビアというと麻薬カルテルが跋扈《ばっこ》して内戦をくり広げているイメージですが、現在は夜に一人で歩いていても何の危険も感じないほど治安の安定した国になっています。

人間は知らないものに対して、どうしてもイメージで捉えてしまうものです。それが固定観念だとか、偏見と呼ばれるものの見方です。

固定観念をやめてみる

人間があらゆるものを実際に体験してみることができない以上、イメージで理解するのはある程度はやむを得ないことでしょう。それに、日本の狭い空間で暮らしている限り、固定観念であることになかなか気づきませんし、気づく必要もない。なぜならば、固定観念でものを見て考えている人の方が多いので、そちらの方が「正論」になってしまうからです。

しかし、もしあなたが世界基準で生きていこうとした場合、あるいはある程度以上のものの見方をしようとした場合は、かならず固定観念を取り除いた上で物事と向かい合っていかなければなりません。ルワンダは怖い国だなんて考えていたら、アフリカ有数の発展を遂げている国でのビジネスチャンスをことごとく失ってしまうのです。そうすれば世界的な競争の中で次々と敗北を余儀なくされることになる。

大切なのは、自分の中にあるルワンダは怖い国だという考え方が固定観念であることを認識することです。その上で、それを取り除き、自分の直感に従って進むべきなのです。多くの場合、その人が進むべき道を塞《ふさ》いでいるのは、その人が勝手に抱いている間違った固定観念なのです。

私自身の仕事に照らし合わせても、まさに同様のことがいえます。現場に行って起きたことを調べようと思った時、「スラムに立ち入ったら殺される」「遺体安置所は厳粛なところだし、取材に行ったら断られるにちがいない」「ＨＩＶ感染者はセックスに困っているはずだ」などと固定観念に縛られていたら何かを発想することも、調べることもできません。

取材をする際に大切なのは、それらは固定観念に過ぎないと認識することです。そしてそれを捨て去った上で、自分が調べなければならないことをまっすぐに調べて、きちんと描くことなのです。そうやって初めて作品が生まれるのです。

私は固定観念を抱くなと言っているのではありません。全部を全部体験することはできませんから、ある程度は仕方のないことです。ただ、コレと思ったことに取り組む時だけは、自分の考え方のどれが固定観念で、どれを捨てるべきなのかを認識することが大切なのです。それができるようになるには、早いうちから自分の中の固定観念を見つけ出して捨てる訓練をすることが重要です。

私は外国への一人旅は、自分がどれだけ固定観念に縛られているかを認識するきっかけになると思っています。一人で外国を歩いて現地の人と話をしていれば、自分の凝り固まった考えが割れていくのがわかるはずです。そうした体験を日々積み重ねて何百回、何千回とやるからこそ、日本へ帰った時も自分の中の固定観念がどれであるかを見つけ出し、打ち壊すことができるのです。

正論って正しいんですか

偏見や固定観念の話をしましたが、ここからもう一歩先に話を進めて、「正論」とは何かについて考えてみたいと思います。実は、一人旅は、世の中の「正論」を別の側面から見ることにもなるのです。

世の中には、様々な「正論」があります。たとえば、「一夫多妻制は女性差別だ」という考え方がありますね。NGOを初め、多くの人に共通する「正論」だと思います。ですが、はたしてこれは「絶対に正しい論」なのでしょうか？　私にそういう疑いの目を持たせてくれたのも、旅の体験でした。

ある年、私はイランへ行きました。そこでかつてイラクから難民としてやってきたというイラク人女性と知り合いました。仲良くなって話を聞いていると、彼女は「私は三番目の妻なの」と言いました。この国では一夫多妻が許されており、今の旦那さんには三人の奥さんがいて、自分はその三番目だというのです。

私はそれまでの知識から一夫多妻は悪しき習慣だと思っていました。一夫多妻制は女性の人権を侵害する制度だ、と。私もそれを頭から信じていたのです。

しかし、その女性はこう言いました。

「私は前の夫をイラクで失って妊娠した状態で逃げてきた。でも、この国では働く場所もなければ、身を寄せる場所もなかった。そんな時に助けてくれたのが今の夫だった。今の夫は私を哀れんで、二人の妻を説得して、私を三番目の妻として迎えることで生活の面倒をみてくれたの。私は今の夫がいなければ、とうてい生きてはいけなかった」

彼女は自分を妻として迎え、責任を持って生活を支えてくれた夫に感謝していました。

私はこの話を聞いた時、現地には現地なりの価値観があり、その中でしか良し悪しは判断できないのだということを考えさせられました。

たしかに日本や欧米諸国の価値観からすれば、一夫多妻制は許容することはできない悪しき制度かもしれません。海外で働くＮＧＯですら一夫多妻制について反対を表明するのが普通です。しかし、現地で生きる一個人の価値観に当てはめた時、状況によってはそれが必要とされたり、それで幸せを感じられる人がいたりするのも事実なのです。

正論は正論として存在すべきだと私は思いますし、社会における一つの基準ではあります。しかし、それが絶対的にすべての人間にとって正しいかと言えば、そうではありません。日本における正論が外国における正論であるとは限りませんし、さらにいえばその国の正論が国民一人の正論だとも限らないのです。

私は海外を旅する中でそれを実感できたことによって、こう考えるようになりました。

「私自身にできることは、その場にいる一個人の価値観に目を向けて、彼・彼女の文脈で物事を考えていくべきではないか」

日本人が持っている「一夫多妻制は悪習だ」という正論をイラク人女性に押しつけても意味がありません。それより、彼女が「今が幸せだ」というのであれば、なぜそう思うのかを彼女の目線で考えるべきなのです。そして作家である私はそれをそのまま記録するべきなのです。

正論から持論へ

こうしたことは、当たり前のように聞こえるかもしれませんが、なかなかできないことです。おそらく十人いれば、九人はわかっていても行動しようと思いません。なぜならば、正論というのは無意識のうちに長年拠り所としてきた価値観であり、それを一度捨てるということは、自分の価値観の拠り所を失うことになるからなのです。

紛争地を例に取ってみましょう。中東のパレスチナにあるイスラーム原理主義組織といえば、テロなど非道なことばかりをやっている恐ろしいグループという印象を抱く人が大半だと思います。実際彼らは数えきれないほどテロを起こしてきました。彼らの行為が間違っているというのは、世界レベルでの正論でしょう。彼らのしてきたことは決して許されるべきことではありません。

でも、だからといってこの組織のしていることすべて間違っているのかと言われれば、そこまでは断言できません。この組織は自分たちで学校を建てて地元の子供たちの教育に尽力していたり、病院をつくって病人や老人といった弱者を助けていたりします。地元の人たちの中にはこうした組織がなければ生きていけないし、何かあった時は政府よりずっと頼りになると考えている人が大勢いるのです。つまり、地元の一部の人たちにとってはこの組織はなければならないものであり、支持されて存在しているのです。

実際に現場へ行ってこのような現実を目の当たりにすると、人の中にある善悪の二元論の構図は崩れます。

「この現実の前で何をどう考えていけばいいのか」「それでもテロは悪いと考えてテロリストを殺すべきなのか」「組織を撲滅させたら、彼らに支えられて生きている地元の人はどうなるのか」「汚職だらけの政府がテロを撲滅した後に地元の人を支えることなんてあるわけがないではないか」……。

こうした疑問が洪水のように押し寄せてきて、どうすればいいのかわからなくなってしまいます。そうなると、人によっては混乱のあまり、正論にしがみついてその正しさを盲信しようとします。

くり返しますが、私は正論が間違っているとか、信じてはいけないと主張するつもりはありません。言いたいのは、それがかならずしもすべてに当てはまる絶対的なものではないということだけなのです。

ただ、人間の心情として、絶対的なものによって安心したいという気持ちはわかります。絶対的なものが失われてしまうと、自分が何を拠り所にしていいかわからなくなってしまい、たちまち不安に苛《さいな》まれてしまう。宗教やマニュアルが絶対的なものではないとなれば、不安になる人は大勢いる。それと同じです。

でも、私は社会の中で確固たるものをつくり上げようとするのであれば、そうした不安を乗り越え、「正論が通用しない」という現実に向き合っていくことが必須だと思っています。答えのない世界に飛び込むのは、非常に心もとないでしょう。しかし、正論を打破しない限りは、そこからあなたの論、つまり持論が生まれることはないのです。

私は一人旅の体験というのは、そうしたことを実感を伴って教えてくれるものだと思います。旅の中で何度も正論を壊され、そこから持論を構築していく経験をつんでおけば、あなたが将来何かの現実と向き合わなければならなくなった時に同じことができるはずです。逆にいえば、その体験がなければ正論にしがみついて、なかなか持論を作り出すことができない。

旅はそういうことを教えてくれる役割も持っているのです。

一人旅をすれば真実を見つけることはできますか

先ほど、若い人にとって一人旅をすることが、なぜ大切なのかということについてお話しました。

一人旅といっても、ただ単独で外国へ行けば、いろんなことが見えて血肉化できるとは限りません。むしろ、そうでないことの方が多いかもしれませんね。「ただ行く」「ただ見る」だけでは、身に入ってくるものは少量のはずです。私たちがやらなければならないのは、**「実際に触れてみる」**ということです。

例を挙げてみましょう。動物園へ行った時のことを思い描いてください。頑丈な檻《おり》の中にいるライオンを遠巻きに見学しても、わかるのはせいぜい「ライオンってずっと寝ているなー」とか「ライオンって思ったより小さいな」ということでしょう。そこから得られる情報は限られています。

でも、実際に檻の中に入ってライオンに触ってみたらどうでしょうか。

ライオンの爪が想像以上に鋭いこと、たてがみの間から獣臭が漂ってくること、人間を踏み潰しそうなほどの力を持っていることなどが実感としてつたわってくるはずです。動物園の柵《さく》の外から見るのと、実際に触れるのとでは、距離にしてわずか数メートルから数十メートルしか違いませんが、その距離を縮めて触れるのと触れないのとでは、ライオンへの理解に天と地ほどの違いが出てくるのです。

これは海外へ行くことにおいても同じなのです。外国へ行って、ただスラムを見たり、ただ地元の食材を食べてみたり、ただ家の中を見学させてもらっただけでは、わかることは一部に限られてしまいます。

たとえば、スラムを「単純に通り過ぎた」としましょう。それでわかるのは、スラムの家がボロボロであることや、人間が多いことや、人々が無邪気に集まってくることです。これぐらいのことであれば、スラムに行かなくてもわかります。つまり、分け入って何かをつかんだということにはならない。

だけど、もしスラムの住人の一人と仲良くなって家に泊まらせてもらったらどうでしょうか。スラムに暮らす人の様々な姿、たとえば眠り方、夜間のトイレの行き方、夫婦の営みまでもが見えてくるはずです。スラムの外観だけでなく、スラムに生きる人々の生活や気持ちまでもが手を取るようにわかるはずです。

事実には裏と表がある

私は海外のイメージと現実のギャップについて話をする時、『絶対貧困』という本にも書いた、スラムであったメイちゃんのことを思い出します。当時、私はテレビの撮影クルーをつれてスラムの取材をしていました。メイちゃんはその時に出会った十歳のかわいらしい女の子です。

彼女は親戚のバラックで暮らしていたのですが、性格がとても明るく、撮影クルーのディレクターがマイクを向けて質問をすると、「今のスラムでの生活が楽しい」と笑って語っていました。ディレクターはそんな彼女の顔を見てホッとしたらしく、次のような感想を漏らしていました。

「スラムの子供は貧しくとも、目は輝いている。笑顔が素敵だ」

撮影クルーが去った後、私は一人そのスラムに残って取材をつづけていました。すると、毎夜メイちゃんの家に、精神を病んで別居していた母親がやって来て騒ぎを起こしていることを知りました。

聞いたところによれば、母親はメイちゃんの他に十人ほど子供を産んだのですが、次々と病気で死んでしまったそうです。それで精神を病んで、メイちゃんが魔法を使って兄弟を殺したにちがいないと妄想を膨らまし、夜な夜なやってきては彼女を殺そうとするようになったといいます。

この体験から私が感じたのは、スラムを外から見学してわかるのは表層に過ぎないということでした。メイちゃんがスラムで明るく振舞い、「楽しい」と語るのは一つの事実であることは間違いありません。しかし、それはあくまで表層の現実、あるいは現実の一部分です。その裏には、劣悪な衛生環境や栄養不良の問題から多くの子供が大きくなる前に命を落としている現実があり、母親はそうしたことで精神を病み、毎晩我が娘に襲いかかっているのです。

スラムを理解しようとしたら、スラムで実際に暮らして、この表裏を見つめなければなりません。単に「スラムの笑顔」を見るだけでなく、その笑顔の裏に兄弟の死がたくさんあるのを知り、母親が気が狂ってメイちゃんを殺しに来ることを知らなければならないのです。どちらが正解か間違いかではなく、両方を知って初めて、スラムで生活するとはどういうことなのかを理解できるのです。私が言っている「実際に触れてみる」とは、この場合スラムに泊まって夜を明かしてみるということなのです。

もうみなさんは、おわかりになったでしょう。現地へ行った時に「実際に触れてみる」というところへ一歩を踏み込めるかどうかというのが、事実を理解するのにどれだけ重要かということが。

これは、他の分野においても当てはまるのではないでしょうか。料理人であれば現地の高級レストランで食事をしてみるだけでなく、実際のその調理場に立ってみればより多くのことがわかるはずです。外資の企業で働きたいと思っている人は、企業見学するだけでなく、実際にインターンで働いてみればその企業がどういうところかが実体験としてわかるはずです。

一流の人は実際に触れている

本当は誰もがわかっている簡単なことなのです。しかし、それをやる勇気がないから、その一歩を踏み込もうとしない。そして言い訳ばかりをあれこれとつらねてしまう。

私は一流と呼ばれる人はほとんど無意識のうちに「実際に触れてみる」ということをやっていると思います。マネックス証券の松本《まつもと》大《おおき》さんも、『クーリエジャポン』の中で似たようなことを話しています。次に引用してみましょう。

私の大切な友人の一人に、かつて数百億円規模の〝給料〟を稼いでいた男がいました。彼は、東京へ来たときに日本のリンゴを見てその美しさに感動し、なんとその翌日には青森のリンゴ農家を訪ねていました。そして、日本の農業の優れた技術や栽培システムを教えてもらって、自分の故郷の南アフリカに持っている農園のために農器具を買い付けたのです。

興味をもったことがあればすぐ現場に行って、詳しい人に根掘り葉掘り聞く――このように常に「前傾姿勢」を崩さないで、アンテナを張りめぐらせていると、自然と色々な情報が入ってきます。

芸術の世界でも、ビジネスの世界でも、一流の人というのは、直感的に物事を一歩先に踏み込んで本質に触れることで自分のものとして吸収するものです。一歩踏み込むことの重要性を無意識のうちに理解して実行しているのです。そこが他の人たちと比べて決定的に違う点なのです。

みなさんもこうしたことを常に念頭に置き、旅をする時も一歩踏み込んでいきましょう。そうすれば自ずと本質が見えてきて、あなたの血となり骨となるはずです。

旅の中で一歩踏み込むにはどうすればよいですか

私は大学で講演をすることが多いのですが、質疑応答の際、かならずと言っていいほど学生からこんな相談を受けます。

「僕にはやりたいことがあります。海外へ行った時、現地の人の中に溶け込んで、その目標を達成したいと思うのです。だけど、なかなか現地の人に溶け込むことができません。秘訣《ひけつ》を教えてくれませんか」

こういう質問をする学生は、きっと自分自身にもどかしさを感じているんでしょうね。一歩踏み込む重要性はわかるけど、どうやっていいのかわからない。みなさん、真剣な目をして訊《き》いてきます。

作家になるにせよ、料理人になるにせよ、ビジネスをするにせよ、現地に溶け込むことは大切です。ただ、だからといって、誰にでもできるわけではないし、明確な方法があるわけではありません。

したいけど、できない。そう思っている方は、まず次のことを自分に問いかけてみてください。

①踏み込むだけの必然性が自分にあるか。
②踏み込むのに最短の方法を選択できるか。

あなた自身にそこに踏み込んでいくだけの必然性がなければ到底できません。

たとえば私は海外の紛争地へ行くことはできても、フランスの料理店の厨房に飛び込むことはできません。それは私の中に紛争地に行く必然性はあっても、フランスの料理店に飛び込む必然性はないからです。人間が一歩踏みだせるかどうかは、その時自分の中にそれをする必然性があるかどうかというのが大きいのです。自分が飛び込めるだけのテーマを見つけ出すことが重要なのです。

これを私自身の体験に重ねてお話ししましょう。処女作『物乞う仏陀《ぶつだ》』は、街頭にすわり込んで物乞いをする障害者のルポルタージュでした。当然彼らと膝《ひざ》を突き合わせて話をしなければなりません。つまり、その部分に一歩踏み込まなければならないのです。

物乞いをする障害者に話しかけるのは、ものすごく勇気がいることです。百人いれば、九十九人はやりたがらないでしょう。ただ、それはやる勇気がないというより、その人たちにやる必然性がないからなのです。やらなくてもいいのなら、人間はやらない方を選びます。

私は違いました。彼らの取材をするために全財産をかけて海外にやってきたわけですし、それだけの努力もしてきた。もし失敗すれば本を出すことができず、これまでの血の滲むような努力もすべて水の泡。そしてずっとフリーターとして生きなければなりません。そう考えた時、なんとしてでも成功させなければならない状況にあったのです。

だからこそ、怖いとか、危険だという感情を捨てて、彼らと親しくなって一緒に生活することができた。路上で眠り、同じ酒を飲み、笑い、怒られ、恋愛をした。それはその時の私にとってやらなければならないことだったのです。物事に踏み込めるかどうかというのは、本人に**「それをしなければならない必然性があるか」**ということに他ならないのです。

ためらわず近道を選ぶ

次に、その必然性を発見できたら、どのように踏み込めばいいか。

踏み込む際はためらってはいけません。ためらえば、たちまち「ためらい傷」ができて、踏み込んだ意味がゼロに等しくなってしまいます。必然性のあるテーマを見つけられたらやるべきことは一つです。

「踏み込むのに最短の方法を選択する」ということです。

私の場合、海外の物乞いと親しくなるには、様々な壁がありました。一番の壁は言語の問題です。普通に考えれば、英語や日本語をしゃべれる通訳を見つけて雇い、一緒に物乞いを見つけ出して話してみる手段を選ぶでしょう。しかし、これで本当に目的を達成することができるでしょうか。

考えてみてください。海外の通訳は英語や日本語が達者なエリートです。彼らが物乞いについて詳しい知識があるわけはないし、これまで話したことすらないでしょう。通訳に依頼したところで、みんな怖がって逃げてしまうのは明らかです。

日本に置き換えてみれば、容易に想像がつきますよね。たとえばフランス人作家が日本のホームレスを取材したいと思って、フランス語ペラペラの通訳を雇ったところで、ホームレスの取材を成功させられるでしょうか。たとえインタビューできたとしても形ばかりのものになってしまうはずです。

だとしたら、この場合は誰を通訳として介すのが適切なのでしょうか。答えは簡単。ホームレス自身です。ホームレスならばホームレスの事情に通じているし、友達もたくさんいる。よりディープな世界を案内してくれる。ならば、フランス語のできるホームレスを雇って、彼に案内してもらいながら他のホームレスについて調べるのが「最短の方法」なのです。

私がアジアで選んだのはまさにこの方法でした。海外の物乞いの中から英語や日本語をしゃべれる人を見つけ出してガイドになってもらえばいい。途上国の物乞いが英語や日本語をしゃべれるかどうかわかりませんが、何もせずにダメだとあきらめるのではなく、とりあえず探してみるしかない。それで私は町にいる物乞いに手当たりしだい声をかけてあたってみることにしました。

すると、英語のしゃべれる物乞いが結構いることが判明したのです。なぜかというと、外国ではキリスト教の団体が支援活動をやっていることが多く、ストリートチルドレンを教会に招いて英語を教えたり、孤児院を運営して教育を施したりすることがあるからです。大人の中にも観光地で外国人相手に物乞いをして生計を立てている人がたくさんいます。

こういう人をガイドにしてみたところ、すべてがうまくいきました。本人が物乞いをしているわけですから、物乞いのことなら大概知っており、紹介してもらえる友達だってたくさんいます。仲良くなれば、家まで一緒に連れて行ってくれたり、野宿の輪に入れてくれたりしてくれる。つまり、私は勝手な思い込みで、「物乞いなんてガイドになってくれるわけがない」「英語をしゃべれるわけがない」と思い込んでいただけで、実際調べてみたら現実は全然違ったのです。そしてそれが目的を達成するための最短の方法だったのです。

本当にやる人は言い訳しない

みなさんの中には、私が本を書く取材者だからそこまでできるのだと思う方もいらっしゃるでしょう。ノンフィクションをやる人間だから命の危険も顧みずにそんなことが易々とできるのだ、と。しかし、ノンフィクション云々《うんぬん》に関係なく、物事をなしとげる人というのは、目的から逆算して一番単純で早い道を選ぶものであり、そこで危険云々を考えることはあまりありません。

この例として瀬谷《せや》ルミ子さんを紹介したいと思います。彼女は外国の紛争地域で衝突する武装組織の間に立ち、和平へと導くことを職業としています。武装組織が和平に応じて武装解除するまでのプロセスに携わる仕事です。

著書『職業は武装解除』を読むと、彼女は高校三年の四月に新聞に載っていたルワンダの虐殺記事を見て和平の仕事につきたいと思い立ったそうです。大学へ入ると彼女は家族には「ケニアのサファリに行ってくる」と嘘《うそ》をついて、虐殺から三年しか経っていないルワンダを訪れます。そして卒業後に単身国家非常事態宣言が出されている最中のシエラレオネに飛び、国連PKOの事務所が入っているホテルを見つけ出して泊まって面会を頼みます。

結局、その行動力によって、大統領直属の国家DDR（武装解除・動員解除・社会復帰）の委員長にまで面談させてもらったり、難民キャンプを訪れたりすることができるようになったそうです。そしてそれがきっかけで、国連PKOのDDRの仕事を任せてもらえるようになるのです。弱冠二十四歳の時です。

瀬谷ルミ子さんの体験からわかるのは、彼女もまた自分の目的に対して最短の道を選んでいることです。大方の人は「内戦終結後わずか三年のルワンダや、国家非常事態宣言が出ているシエラレオネへ女性一人で行くのは危険ではないか」と考えてためらうでしょう。

しかし、彼女にはそれを超えるだけの「必然性」があり、単身ルワンダ、そしてシエラレオネへと渡った。そして、一番近道である、国連の職員に直接頼むという方法によって、スタッフとして働く機会を手に入れ、実践の場でノウハウを学んだのです。それが彼女を武装解除という仕事に就かせたのです。

よく「女性だから」「リスクがあるから」「学生だから」なんて言い訳を耳にします。しかし、本当にやる人というのは、そんなことは一切関係なしに「最短の方法」を見つけ出して困難を飛び越えてやってしまうのです。そして、それができるというのが若い人の特権なのです。その特権をつかわなければ、若さの意味は半減してしまいます。

どのようにして不安を打ち消せばよいですか

ここまで読んできた方の中には次のように考える人も多いでしょう。

「必然性や覚悟が必要なのはわかる。だけど、自分はそれに対する不安をどうしても消せません」

私は物事に踏み込むには「必然性」が大切だと言いました。この「必然性」は運命というより、その人がこれまでどれだけ努力をしてきたかということにも関係してくると思います。

先述したように、私は退路を絶って「何としてでも成功させて本を出さなければならない」という状況に自分を追い込み、自分を駆り立てました。つまり、自分自身で必然性を作り出したのです。それについて、もう少々詳しく述べてみたいと思います。

私は物心ついた時から「何かを作る人間になりたい」と思って、生活の時間のほぼすべてをそれに費やしてきました。

学生時代から一日三冊本を読むと決めて、一週間に一本の作品を模写し、一カ月に一本百枚ほどの試作をつづけてきました。友達と遊ぶこともほとんどありませんでしたし、恋人だって一週間に三十分とか三時間と決めて会っていただけ。彼女からの誕生日プレゼントはすべて図書カードにしてもらっていました。アルバイトで貯めたお金もそういうことにしかつかってこなかった。

一言でいえば、作家になるために全力を尽くしてきたのです。

こういうことを何年もつづけて、大学卒業後も就職をしないでいると、一番のリスクは「作家になれない」ということになります。ここまでやって作家になれなかったら、自分の人生をすべて否定されることに等しい。そういう状況に自分を追い込むと、作家になれないなら死んだ方がマシとまで思い込むようになります。

最初の取材旅行は、そんな気持ちで貯めたお金を全部かけ、さらに借金までしてしたものだったのです。だからこそ、壁を乗り越えることができた。つまりやらざるを得ない状況に自分を追い込んで、「必然性」を自ら作り出したのです。

私は「必然性」の多くは、自分自身で生み出すものだと思っています。自分を追い詰めると、物乞いをする障害者に話しかけることなんて大したことではなくなります。もちろん、初めは怖いという感情はありますよ。ぶん殴られたらどうしよう、とか、警察につかまるんじゃないか、とか思います。

しかし、ためらって何度も物乞いの前を行き来して迷っていると、頭の中から「おまえはこのまま日本に帰ってこれまでの人生を無駄にしたいのか」というもう一人の自分の声が聞こえてくる。そうすると、「よし、やるしかない」という思いになるのです。

実際にやりはじめると、人間というのは面白いものでその環境に適応してきます。最初はあれだけ恐れていたのに、五人、十人と言葉を交わしているうちに、何でもなく思えてくる。いや、むしろ、彼らに感情移入をするようになるのです。そうこうしているうちに、さらに自分の中で別の「必然性」が生まれてくる。

処女作『物乞う仏陀』の場合もそうでした。私は東南アジアを中心に回っていたのですが、何十人という物乞いや障害者を暮らしたり語ったりしているうちに、次のような考えが生まれるようになりました。

「アジアの物乞いをする障害者の生活や気持ちを調べているのは自分しかいない。自分は彼らの気持ちを背負うようにして話を聞いた以上、それを何としても本にしてつたえなければならないのだ」

最初は本を書きたいから取材していたのに、実際に物乞いをしている人たちと寝起きをともにして触れ合っていくうちに、彼らから委ねられた体験や思いを伝達しなければならないという責任感が生まれたのです。そして、それが原動力になり、どんどん深いところへ取材を進めていくことができるようになりました。

この最たる例がインドを取材した時のことでした。最初は東南アジアで障害者施設を訪れたり、あまり怒らなそうな子供や老人に話しかけたりしていたのですが、だんだんと「体験した者として取材を進めなければならない」「もっと真実を知らなければならない」という気持ちになり、同じぐらいの年齢の物乞いや麻薬を使用している障害者に話しかけるようになりました。そしてインドを訪れた時、驚くべき事実に突き当たったのです。

レンタルチャイルドです。つまり、インドではマフィアが誘拐してきた赤子の貸し借りをしたり、それらの子供の手足を切断して障害者にして物乞いをさせていたのです。障害者が物乞いをすれば儲《もう》かるので、わざと障害のある体にしてしまうのです。

旅の初めにこの事実に直面したら、おそらく私は取材しようとしなかったかもしれません。恐ろしいという気持ちの方が先に立っていたはず。でも、それまでいくつもの国で大勢の物乞いや障害者と話をして「自分ができる限りのことをやらなくてどうする」と思うようになっていた私はその犠牲者に取材を開始します。そしてマフィアに障害を負わされた物乞いから話を聞くにつれ、こう考えるようになりました。

「実際にマフィアに取材しよう。殺されたって仕方がない。自分にはこのことを調べずに、犠牲者を見捨てて帰国することなんてできるわけがない」

大げさに聞こえるかもしれませんが、責任というより、私にとって果たさなければならない義務のように感じたのです。最後はこれが最大の原動力になりました。当初のような「作家になりたい」という野心より、「これをつたえなければならない」という義務感に突き動かされたのです。最終的に命の危険のある取材を次々にできたのは、そうした思いがあったからにちがいありません。

これは処女作を出した後でも同じです。本を書こうとするきっかけはいろいろありますが、実際に調べはじめて人と会って話を聞いていくうちに、「何が何でもこれをつたえなければならない」という人間としての義務感が加わってくる。それが危険度外視、採算度外視で取材を進める原動力となっています。ものを書く上で最終的に人より抜きん出た取材ができるかどうかということは、このような湧き出した思いで自分自身を突き動かせるかにかかっていると思います。

ともあれ、ゼロから一に至る原動力は、みなさんが努力によって生み出すものです。

みなさんには、まずゼロから一を成し遂げる原動力を、自分の努力によって作り出してもらいたいと思います。もちろん、それには血の滲むような苦労が必要です。多くのものを切り捨てていかなければならない時もあるでしょう。

忘れてはならないのは、自分の力で物事を成し遂げるのに楽なことなど一つもないという現実です。楽なことを目指しているなら、そもそもこんな本を読む必要がないでしょうし、まったく役に立ちません。

あなたがこの本を手に取ったのならば、きっと手に取るだけの理由があり、多くの場合あなたの中で「これをやりたい」という気持ちがあるはずです。そして、それはもう見えているはずなのです。

であれば、やるか、やらないか。
選択は二つに一つなのです。

第二章

個を創造する学び方

何をどう勉強してきましたか

私が「作家になる」と決心したのは、高校生の頃でした。芸術系の仕事というのは、よく「才能」が必要だと言われます。おそらく才能のある一部の人がつく仕事であり、それは生まれつき決まるものだと考えている方が多いでしょう。

しかし、私は今に至るまで一度として自分に才能があると思ったことがありません。お世辞ではなく、本当に才能がないのです。

小学校の卒業文集なんて今から読み返すと、何が書いてあるかまったくわからない次元です。視点は平凡、文章は支離滅裂、構成は崩壊。私には生まれつきの才能なんてものが微塵《みじん》もないことがわかります。小学校時代の国語の成績も、三段階評価で一番下の「もっとがんばりましょう」でした。つまり、今私が持っている「視点」「文体」「構成力」はすべて勉強によって身につけたものなのです。

私にとって幸運だったのは、物心ついた時から才能とは勉強の蓄積だということを知れたことです。第一章で申し上げましたが、私の父は舞台美術家であり、演劇、オペラ、バレエ、ミュージカルなどの舞台のセットを考える仕事をしていました。父もまったく自分に才能がないと自覚していたのでしょう、イギリスの大学院で苦学した後、子供の私から見てもわかるほど血の滲《にじ》むような努力によって仕事をこなしていました。

とにかくストイックでしたね。ちっとも休もうとしないし、仕事場は資料に埋もれているし、テレビのネタや旅行先の風景など入ってくる知識を片っ端から作品にしていってしまう。父が家に呼んでくる国内外の舞台関係者もそんな人たちばかりでした。私は幼い頃からそうした光景を間近で見ていたので、「この世界で通用するようになるには、ここまでやらなければならないのだ」という認識を持つことができたのです。

私が作家になるための具体的なプランを持つようになったのは、大学に入ってすぐでした。ある作家が次のように言うのを聞いた時でした。

「作家になるためには一日一冊本を読まなければダメだ。それでも苦節十年で世に出られるかどうかなんだから」

即座に思ったのは、「苦節十年なんて嫌だ」ということでした。何としても三年ぐらいで世に出たい。それなら三倍やればいいのではないか。つまり一日に三冊本を読めばいいのではないか。そう考え、実行することにしたのです。

知的な世界を広げる

読書は完全に濫読《らんどく》ですね。最初は「新潮文庫・夏の百冊」「世界文学全集」「岩波新書・文庫」「ちくま学芸文庫」などを頼りに片っ端から読んでいくのですが、一日三冊読んでいるとめぼしいものはなくなります。そこで今度は好きな学者の本に「参考文献」として載っていた本や、他の大学のシラバスで紹介されている文献や、図書館の返却棚に置いてある本などを片っ端から読んでいく。

本の末尾の参考文献を読書リストにしていて面白かったのが、一流の書き手であるほど、様々な分野の文献を読み漁っているのがわかったことです。民俗学者なのに、専門分野周辺の学問ばかりでなく、言語学、色彩学、地質学、心理学、天文学などのいろんな文献が参考資料として載っているのです。いろんな分野の面白いところを駆使して物を考えているから、人を引きつける発想や論考に結びつくのだろうということを肌身で知らされました。

もちろん、こうした本の中にはあまりに難しかったり、古すぎて何を書いてあるのかわからなかったりするものもたくさんあるのですが、それでも一日三冊と決めている以上、開いたら最後まで読み切ることにしていました。わからなくても、とにかくページをめくって活字に目を通すことが必要なのです。

若いうちの濫読は、本当に身になります。興味のある分野の本だけ読んでいても、世界は広がりません。しかし、濫読をすれば、一冊読むごとに世界が広がっていき、前に別の本を読んで知ったこととどんどんつながっていく。

たとえば、ある小説家が書いた本と民俗学の本の共通点を見つけ出し、そこからさらに医学や政治や経済にもつながっていく。そうすることで自分の持っている知的世界を一つの流れの中で拡大していくことができるのです。

最初はこんなまったく興味のない本を読んでいて何のためになるのだろうと思うこともあるでしょう。でも、千冊以上読んでいくと、知識がつながっていって、またたく間に世界が関係性を持って広がることが楽しくて仕方なくなるはずです。

ちなみに、私は大学在籍中「読書ノート」をつけており、三、四行の感想を書いていましたね。読書ノートをつけると、サボって二冊しか読んでいないことがわかってしまうので、次の日に四冊読んだりして、「一日三冊」という目標をなんとかクリアしていました。最初の頃は、このノートをきっちり埋めるんだという、半ば義務感のような思いがあって読みつづけていた気がします。

読書ノートに書いた感想は簡単なものです。たとえばこんな感じです。

『同時代ゲーム』大江健三郎《おおえけんざぶろう》
初期の作品の方がやはり好き。一般読者を想定していない。けど、この力強さは何か。密度か。密度をどう構築すれば力強さになるのか。しかし、密度と力強さを併存させることもできるはず。

『戦場カメラマン』石川文洋《いしかわぶんよう》
米軍に従軍して同じ目線で書いている。なのに、殺されたベトコンとも同じ目線で書かれている。現場に身を置いているのに米兵、ベトコン両方と同じ目線に立てるのは、なぜか。そこを突きつめたい。

いやはや、生意気でお恥ずかしい限り。

ただ、今になって読み返すと、単なる読書というより、自分が書くならどうするかということを模索しながらの読書だったことがわかります。常に書く側に立って濫読していたからこそ、いろんな視点や方法論を応用できるようになったのかもしれません。

また、濫読以外にも自分に課していたことはありました。その一つが、文章模写です。これまたある日、某作家が「他の人の作品を模写するのは、文章を書く呼吸や構成を身につける最良の方法だ」と言っているのを聞きました。そこで私は次のように考えた。

「作曲家はモーツアルトやベートーベンなど有名な作曲家の音楽を何度も奏でてその呼吸などを身につける。文芸だって音楽と同じ芸術なのだから、それをやらなくていいわけがない」

そして、その日から週に一本、短編小説をノートに書き写すことにしたのです。

最初は小説ばかりでしたが、途中からは好きな映画のシナリオなんかも模写していましたっけ。今村昌平《いまむらしょうへい》、黒澤明《くろさわあきら》、それに『アパートの鍵貸します』や『愛と追憶の日々』といったハリウッドの古典のシナリオを大学の図書館で見つけて書き写したこともあります。

大学へはまったくといっていいほど行きませんでしたが、図書館だけは連日通っていましたね。シナリオの模写については、文学の呼吸と映画の呼吸の違いなんかがわかって非常に面白かったです。

そして一番取り組んだのが、実際の原稿執筆です。試作という形で、月に一本は五十枚から百枚の原稿を書いていました。ルポもあれば、小説もあったし、エッセーもあった。何でも書いていました。眠い時は氷を入れたビニール袋を顔につけて目を覚まして書きつづけました。

ここまでお読みになった方は、よくそんなことする時間があったなと思うかもしれません。けど、遊ばなければ時間は意外につくれるものです。

大学時代の一日の流れは、朝九時から夕方まで本を三冊読み、そこから夕食まで模写をし、夕食後は深夜まで試作をするという感じでした。大学の授業は出ないし（受講しなくても単位をもらえる大学でした）、友達と遊ぶということもありませんでした。テレビも一切見ない。音楽も聞きません。海外へ行っている期間以外は、ずっとそんな毎日を過ごしていたように思います。

どうすれば差をつけられるか

とはいえ、若い人の中には自信がなく、不安に思う人もいるでしょう。

「それだけ多くのことを犠牲にして努力したところで、本当に他の人と差をつけることができるのだろうか。実際、友達の中には読書家もいるけど、俺よりアタマが悪いぞ」

若い人がそう感じるのは当然です。高校生や大学生がいくら努力したからって、その期間はせいぜい数年。

たとえば、一カ月に十冊本を読んだとしても年間に百二十冊です。一カ月に二冊読んでいる人なら二十四冊。百二十冊読んでいる人と、二十四冊読んでいる人とでは、そこまで明確な差は出ません。

でも、この努力を十年間つづけたらどうでしょう。年に二十四冊読んでいる人は二百四十冊ですが、年百二十冊読んでいる人は千二百冊です。つまり、千冊分という圧倒的な差ができ上がるのです。

これは読書だけでなく、他のことにも当てはまります。シュート練習をした数、暗記した単語の数、つくった料理の数、これらはたった二、三年ならやった人とそうでない人との間にはそこまで大きな差はでてきませんが、十年経つと天と地ほどの差が開くことになります。それまで努力しなかった人が、いくらそこからがんばって巻き返そうと思ったところでどうにもならないのです。

だからこそ、私は若い方にこう言いたい。

「努力は十年つづけること。十年つづければ形になるが、二、三年でやめてしまったらそれで終わってしまう」

どうか十年後の結果を信じ努力をつみ重ねてください。そうすれば、あなたはある専門分野において人の手の届かない存在になれるはずです。

それともう一つ。こうした努力はできるだけ若いうちにやることです。

「若いうちの苦労は買ってでもしろ」という言葉は、間違いではありません。理由は、若いうちに吸収したことは一生残っているからです。

知識ではなく感覚として学ぶ

何歳までを若いというのかは、分野によってもいろいろあるでしょうが、私自身の体験では二十代の半ばまでです。それぐらいの年齢までにした努力とその後にした努力とでは、貯蓄のされ方がまったく違うのです。

二十代の半ばまでに身につけたことは、感覚として身につきます。たとえば、あの頃読み漁っていた民俗学や宗教学の目線というのは今では息をするのと同じぐらい自然な見方となっていますし、模写した作家たちの呼吸や構成は無意識のうちに自分の文体に溶け込んでいます。今でも、その時身につけた感覚をもとにものごとを考えることは多いです。血となり、骨となっているわけです。

一方、二十代後半以降に身につけたものは、感覚ではなく、理屈のような知識として身についています。この年齢になると心で理解するのではなく、頭でもって理解するようになるためかもしれません。ただ、発想をするとか、物をつくるというのは、とても感覚的なことです。

これはサッカーのフェイントに似ています。ドリブルをしていて敵チームのディフェンダーが現れた。その時、どういうフェイントで抜き去るかは、体に身についた感覚でやるしかありません。FCバルセロナのメッシの技は、感覚でしかないでしょう。じっくりと考えていたり、覚えたばかりのフェイントをかけたりしては、相手を抜くことはできない。子供の頃からボール遊びをし、練習をつみ重ね、感覚が血肉化するからこそ有効なフェイントが可能になるのです。

感覚として身についているものは無意識に体が反応するようにしてつかえます。しかし、あとから知識として身につけたものはとてもつかい勝手が悪く、あれこれとこねくりまわさなければなかなか形にならない。つまり、血となり骨となりにくいのです。だから、できるだけ若い頃からその感覚を身につける練習が必要なのです。

とはいえ、こういう話は、なかなか体験してみなければわからないことですよね。それでも、あえて書いたのは、二十代半ばまでにする努力がどれだけ大切なのかということを少しでもわかっていただきたかったからです。

それに、二十代後半になって、仕事がうまく回転するようになると、なかなか濫読のようなことをする時間はなくなってしまいます。私自身、恥ずかしながら今読む本は九割が仕事に必要な資料などになってしまっていて、なかなか学生時代のような幅広い読書ができずにいます。

できる時にできるだけやる。

こうしたことは、早いうちから意識して行なうべきだと思います。できる期間というのは、人生の中でそうそう長くはないのですから。

うまくいく人といかない人はどこが違うのですか

勉強というのは何かを学ぶことです。先行する人が作り上げたものをきっちりと学ぶ。そうすれば、結果として目標がかなうと考える方が多いでしょう。

たとえば日本史の研究者になりたいがために、大学の先生の教えてくれた日本史をきっちりと理解する。あるいは、よい教師になりたいから、教育学の授業で習ったことをしっかりと身につける。

高校生までは、これが勉強と呼ばれるものだったはずです。定期試験や大学入学試験は、学校の先生が教えてくれたことをそのまま暗記すれば点数をとれますし、それでよしとされていたはずです。もしかしたら大学においても、そのようなことが勉強とされているかもしれません。

しかし、これだけやっていても、社会で成功することはありません。一度勉強した後に、ある「作業」をしなければならないのです。

結論から先に言えば、それは**勉強で学んだものを打ち壊し、自分なりの形に構成し直すこと**です。あるいは、勉強で学んだものを脇にどかして、自分なりのものを構築するということです。これが社会で成功する秘訣《ひけつ》なのです。

具体的に私自身のことを例として述べてみましょう。

私は本を書く時に、事前にいろんな勉強をします。たとえば、海外の子供兵の取材をする際は、子供兵に関する文献を読み漁ります。子供兵は男の子が多く、幼いから死を恐れず、親を殺された復讐《ふくしゅう》として兵士になるケースが大半だ。手に入れられる文献を片っ端から集めてそういうことを勉強してから、現地へ行きます。

そうすると、どういうことが起こるか。実は、勉強してきた内容とは違う事実が目の前に現れるのです。子供兵の半分以上は「女の子」であったり、子供兵は死ぬことを大人の兵士以上に恐れていたり、彼らの大半が誘拐されて無理やり兵士に仕立て上げられていたりするのです。

なぜ本や論文を読んで身につけた正しいはずの知識が、現場に行った瞬間に崩壊してしまうのでしょう?

本に書いてあった知識が間違っているわけではありません。おそらく本や論文を書いた人は、男の子の子供兵に数多く出会ってきたのでしょうし、彼らは死ぬのを厭《いと》わずに戦っているのを見たのでしょう。だからこそ、本や論文にそう書いたにちがいありません。

しかし、時と場合によって起こる現象は違ってきます。また、見る人が違えば視点も違うはずです。現実というのはかならず多面的なものであり、AさんがAを見たからといってそれがすべてではない。同じ物を見てもBという現実があったり、Cという現実があったりするのです。それゆえ、見る人によって目に映るものが違ってくるのです。

子供兵の話にもどして考えてみましょう。たとえ所属するのが同じ系列のゲリラ組織であっても、部隊によっては女性が多いこともあります。兵士になった理由だってかならずしも一つとは限らず、いくつもの理由から兵士になるのが普通です。

同じゲリラ組織の子供兵を見ても、状況に応じて見えてくる現実がまったく違ってくるのが常です。ゆえに、前もって勉強によって身につけた知識は、大抵自分が見た現実の前で壊れてしまうのです。現実が多面的だというのは、こういう意味においてなのです。

歴史を例にとってみてもわかりやすいかもしれません。教科書の歴史は一部の権力者たちの一部の行動を継ぎ接《は》ぎしたものでしかありません。しかし、歴史という枠組みの中では、その他大勢の人が生きていますし、一人の権力者が良いこともすれば悪いこともしています。どこにスポットを当てるかによって、歴史というのはまったく違うものになるのです。もしあなたがタイムスリップして江戸時代に足を踏み入れてみれば、かならず勉強して学んだのとは違う側面が見えてくるはずです。

そういう意味では、どの分野においても勉強で得られるのはほんの一側面にしかすぎません。重要なのは、勉強で得た知識は一側面に過ぎないと認識した上で、それにとらわれることなく、自分なりの側面を探し出すことなのです。

あなたが読者の立場に立ってみればわかることです。もし私が海外へ取材に行って、事前に勉強したのと同じ光景を目にしてそれを書いたらどうでしょう？　そこに目新しさはありませんし、そもそも私が行く必要もありません。あなただって、知っていることしか書かれていない本は買いませんよね。

これは研究だってそうです。年配の研究者が三十年前に発見した史実を新たに本に書いたとしても、読む側は興味をそそられません。すでに知っていることですし、それを読むなら年配の研究者の本を読みます。

若い人がやらなければならないのは、すでにある本を可能な限り読んで勉強した上で、もう一度自分なりの目で現実を見つめ直してみる。すると、それを否定するような事実が見つかったり、まったく想像もしなかったような事実が見つかったりします。私たちがやらなければならないのは、これまでの歴史的な成果を踏まえた上で、あえてそれとは異なるアプローチによって誰もやっていなかったことをすることなのです。

教科書の知識にとらわれない

人はなかなかこれができません。どうしても既存の知識に執着してしまい、違う現実を前にしても、そこから目をそらし、教科書通りの知識を見つけ出そうとしてしまうのです。

第一章でスラムに暮らすメイちゃんのお話をしたことを憶えているでしょうか。あの時、私は日本の撮影クルーをスラムに案内していたのですが、そこでも今お話している例となる体験をしたことがあります。

その日、撮影クルーのディレクターは、スラムの風景を映像に撮ろうとしていました。彼は「こんな悲惨なところで人が生きているんだよ」といったような映像がほしがっていたのです。スラムを歩いていると、道端にお腹が大きく膨らんだ子供が立っていました。ディレクターはその子を見て言いました。

「これは栄養失調の子供に違いない」

きっとあらかじめ本を読んで「貧しいスラムには栄養失調の子供が多い」ということを知識として知っていたのでしょう。ところが、ガイドは次のように口を挟みました。

「この子は栄養失調でお腹が膨れたわけではないですよ。頬《ほお》や足はそこまで痩《や》せていませんから。おそらく寄生虫でお腹が膨れ上がっているのでしょう」

私はその意見を聞いて、「スラムの子供＝栄養失調＝お腹が膨らむ」というイメージとは違う現実を発見したと思いました。この新しい話をうまく見せれば、単に栄養失調の子がいるというより面白い情報になるはずだ、と。

ところが、ディレクターはそう考えなかった。こう反論したのです。

「このガイドはあまり頭がよくないのでわかっていないのだろう。スラムの子なんだから栄養失調でお腹が膨らんでいるに決まっている。まぁ、この子が栄養失調じゃないというなら、別の子を見つければいい」

そうして彼は血眼になってスラムを歩き回り、半日かかってなんとか別のお腹の膨れた子を見つけ出しました。そして今度はガイドに否定されないように、何も尋ねることなく映像を撮り、その子を「栄養失調の子」としてテレビで流したのです。

ここから言えるのは、ディレクターが行なったスラムの取材は、現場に行って目の前の事実を記録するものではなく、来る前に身につけた勉強の成果を立証するためのものだったということです。

本来は「スラムに暮らすお腹のでた子供は実は栄養失調ではなく、寄生虫の影響を受けていた」と報じるところに新鮮さと面白さがあるのに、勉強してきた知識にとらわれてしまってそれを描くことができなくなってしまったのです。当然ながら出来上がった映像に新鮮さは皆無で、番組の中で数秒流されて終わりでした。

勉強は必要だけど……

もうみなさんならおわかりでしょう。何かをしようと思った時、それまでの勉強に囚われてはなりません。

勉強は絶対に必要です。すればするだけ有利になります。しかしそれに縛られてはいけません。どこかの段階で勉強から自由に解き放たれ、これまでの勉強には存在しなかったことを構築しなければならないのです。

ここで一つ進言できることがあります。**勉強をする時はできるだけ幅広く他分野のことも勉強をするべきだということ**です。

一つのことだけを勉強していると、どうしてもそこから離れることができなくなってしまいます。

貧困問題について何かをやりたいと思ったとします。もし、開発学だけを勉強していればその考え方から抜け出すことは非常に難しい。

しかし、医学、人口学、宗教学、文学など様々な勉強を平等にすれば、開発学だけの視点に縛られることはありません。そうなれば、もしあなたの前に現れた現実が開発学には収まらないものだとしたら、医学や人口学の目線でそれを受け止めることができます。つまり、その業界の知識を一度捨てて新しい価値観を創出することができる。

先のスラムの例でいえば、もしディレクターが貧困の勉強だけではなく、医学をきちんと勉強していればそれができたはずなのです。しかし、かれは貧困の勉強だけしかしなかったからそれに囚われてしまい、新しいものを生み出すにいたらなかった。

私はこうしたことを前提にして勉強をするのとしないのとでは大きな違いがあると思っています。

ただ努力してもうまくいかないのはなぜですか

作家になりたいからカルチャーセンターの文章教室へ毎週通って勉強をつづける。これで作家になれるかと聞かれても、「はい、なれます」とは断言できません。

これは他のことでも同じですね。日本料理の名店で厳しい修業をしたからといって一流の料理人になれるとは限らないし、いくら東京藝術《げいじゅつ》大学で有名な絵描きについて日本画を勉強したからといって一流の日本画家になれるとは限らない。

どうしてなのでしょう。それは、人から教えてもらったものには「個性」がないからです。ちゃんとした料亭や画家の下で修業をすれば優秀な職人ぐらいにはなれるかもしれませんが、一流にはなれません。両者を分けるのが**「個性」という名の「新しさ」**なのです。

先ほどの話と一部重複しますが、これは勉強した既存の知識をそのままつかっているか、あるいはそれを応用して別のものをつくれているかの違いになります。

大切なことなので、もう少し詳しく考えてみましょう。

音楽の世界を例にとりたいと思います。毎年歌唱力のある新人歌手が星の数ほどでてきますが、その中で人気を博すのは「新しさ」を兼ね備えた人が大半です。

有名な歌手を挙げればわかりやすいのではないでしょうか。宇多田《うただ》ヒカルさんはそれまであまり日本人になじみがなかったR&Bを歌の中に持ち込みました。AKB48は学校のクラス一つ分ぐらいの人数で様々なタイプの女の子を集め、専用の舞台を持つという特徴がありました。ジェロさんは外国人でありながら演歌をうたうという特色がありましたね。いずれの場合も、既存のものにはない「新しさ」を兼ね備えています。

実はこれはどの世界でも同じなのです。芸術作品であっても、商品であっても、そこに「新しさ」があるかどうかというのが重要になるのです。

理由は簡単です。

人々は「これは今までと違う」と思った時に、感動し、興奮し、そしてその人を次の時代のヒーローとして迎え入れるからです。もし「新しさ」がなければ、従来からいた人にこれまで通りのものをきちんとつくってもらっていればいいのですから。

どうすれば、この「新しさ」をつくることができるのでしょうか。私は勉強を通して感じた「自分にとって魅力ある別の要素」を取り込むというのが一番早い道だと思います。宇多田ヒカルさんだってR&Bが好きだったからこそ、その要素を持ち込むことができたのでしょう。他の人がやっていないことであれば、それは十分に武器となりえるのです。

いままでにないものを目指す

これは私自身においても少なからず当てはまることでした。

二十代の半ば、私は大学を卒業したままの勢いでノンフィクションという世界に飛び込みました。このノンフィクションの世界は、新聞やテレビといったジャーナリズムの出身者がとても多い。大手メディアで何年も経験をつんだ人が、そのノウハウやコネクションを駆使して一人でやっていくという形が主流でした。いわば、マスメディアの優秀な人材が独力で行なうのがノンフィクションという空気があったのです。

私はいわゆるジャーナリストの勉強をしたこともなければ、その世界で働いたこともないので、ジャーナリズムを目指すという意識がありませんでした。同じ現実に迫るという意味では、学生時代の濫読の中で多大な影響を受けていた人類学や民俗学のフィールドワーク的な手法にむしろ魅力を感じていました。

具体的にジャーナリズムの取材とフィールドワークとはどう違うのか。厳密に分けることはできませんが、あくまでも当時の私の印象として話しますと、ジャーナリズムの取材は、取材対象者のところに「取材」という名目で赴き、あらかじめ質問をしてその答えを事実として書き記すというイメージがありました。

一方、優れた人類学者の本なんかを読んでいると、ある部族の中に数カ月なら数カ月住み込んでしまい、そこで自ずと浮き上がってくる言葉の裏に隠された真実を描いていくという手法を取っています。

私はどちらの「取材」に魅力を感じるかといえば、後者でした。だからこそ、ジャーナリズム的手法ではなく、スラムや路上に泊まり込んで生態を調べるというフィールドワーク的な方法を選んだわけですが、結果としてはそれが「新しいアプローチ」と受け止められました。それまでノンフィクションというジャンルで、特に途上国を舞台にしてフィールドワーク的な手法で調べる方がほとんどいなかったからでしょう。

もう一つ「文学的な書き方」を目新しいと言われたこともあります。

ジャーナリズム的な書き方では何時何分何が起こったということを淡々と記録していくのが主流です。しかし、私は文芸作品を濫読したり、模写したりしていたこともあって、そちらの表現方法の方で作品世界を描きたいという気持ちがつよかった。報告としてレポートではなく、現場の光景を描写し、匂《にお》いや色や感触に目を止め、教えてもらったその時の感情をそのまま書き記す。つまり読者に小説を読むように物事を感じてほしかったのです。そして、そういう書き方をした結果、それについても「新しい文学的ノンフィクション」と評価する人が出てきました。

「これだ!」と思ったことを大切に

とはいえ、人類学・民俗学的手法も、文学的な書き方も、私は「新しさ」を狙ってやったわけではありませんでした。ただ、学生時代からずっと私が濫読したり、模写したりする経験から、自分自身で一番「これだ！」と思えるやり方をしただけなのです。自分が読者だったらどういうものを求めるかを考えた上で逆算してやったのです。

結果論ではありますが、幅広く文章表現をしたいと思って様々なことをやり、また濫読によっていろんなことに興味を持って取り組んでいたことが、それらの要素をノンフィクションの世界に持ち込むことになって、それが思いがけず「新しさ」となったのです。

逆に、小説の世界でも同じことがいえます。村上春樹《むらかみはるき》さんは映画のシナリオの勉強をし、アメリカ文学を読み漁っていた経験から『風の歌を聴け』で描いた独特の世界観を作り出しました。吉本《よしもと》ばななさんは好きな漫画の世界から『キッチン』で華々しいデビューを飾りました。柳美里《ゆうみり》さんは演劇の出身ということもあり、初期の頃はきわめて演劇的な世界観をもつ作品を発表していました。

もし村上春樹さん、吉本ばななさん、柳美里さんが、日本の純文学だけ読んでそれを目指していたら、「新しさ」を感じさせることはなかったかもしれません。専門とは別のことを勉強し、その世界観を文学の世界に持ち込んできたからこそ、拍手喝采《かっさい》で迎え入れられたのです。

ここから言えるのは、何かをやりたいと思った時、その分野だけのノウハウでやろうとしても新しい風を入れることはできないということです。

もちろん、専門の勉強をすることはいいことですし、絶対にそれをしなければなりません。しかし、それだけでもダメなのです。それだけではどうしても行き詰ってしまうし、新しさに欠けてしまう。

そこで必要なのは、専門の勉強だけでなく、幅広い勉強なのです。

関係ないと思ったり、得意じゃないと思ったりすることもとりあえずやってみてください。つまらなければやめても結構です。

だけど、もし面白くてはまるようなことがあれば、どんどんそれをやってみる。そうしていくうちに、自分が一番面白いと思う方法が自然と身についてくるはずですし、故意にこの手法を別の分野に応用してみようと考えなくても、無意識のうちにできるはずです。

そして、あなた特有の武器がその世界にしっかりと入り込み、人々に受け入れられれば、それは「新しさ」として認められたということなのです。

どうすれば「新しさ」という武器を手に入れることができますか

これを勉強すれば正解という、万人に共通したものはありません。万人に共通した時点で「新しさ」は消え失せますからね。

武器としての「新しさ」を何にするかは、その人の生まれ育った環境や感覚や考え方によります。私には人類学のフィールドワークや文学的文体は武器としての「新しさ」になりましたが、別の方にとってそうなるかといえば違います。

たとえば、あなたがノンフィクションをやりたいと思ったとします。それでこの本を読んで私と同じようにフィールドワークを勉強してそれで本を書いてみました。しかし、それではダメです。なぜならば、この世界にはすでに私という先人がいるわけで、あなたが私と同じことをやっても「新しさ」は生まれません。

では、何を身につければいいいか。現実には、人それぞれであって、そこに答えはありません。

とはいえ、まったく手がかりがないわけではありません。何を武器とすればいいのかの基準は、言葉にしてしまえばとても簡単です。

「みなさんが、『これだ!』と思った大好きなこと」

ちょっとした趣味レベルのものではいけません。若い人の趣味というのは大抵似通っていて、ゲーム、漫画、スポーツ、映画など一部のものに集中しがちです。こういう趣味は多くの人が持っていますし、すでにそれを別の分野に取り入れている人はゴマンといますので、すでに手垢《てあか》のついたものになってしまっています。

一例を挙げれば、ゲーム好きの小説家なんて四十年前にはほとんどいなかったでしょうが、今は石を投げれば当たるぐらいにいます。ゲーム的な要素を盛り込んだところで目新しさはまったくありません。私が言っているのは、趣味よりさらに踏み込んだところにある専門性です。

ソニーが輝いていた時代の五代目社長に、大賀典雄《おおがのりお》さんという方がいます。大賀さんは東京藝術大学の声楽科を卒業し、ベルリン国立芸術大学にまで留学した声楽家でした。経歴からすれば、そのまま欧米で活躍してもおかしくないレベルです。

ところが、彼はある偶然からソニーに入社することになります。学生時代にソニーのテープレコーダーにクレームをつけたことから、創業者盛田《もりた》昭夫《あきお》さんと井深《いぶか》大《まさる》さんに見出されて、留学中もずっとかわいがられます。きっと創業者の二人は直感的に大賀さんの持っていた「新しさ」を見抜いていたのでしょう。そして、大賀さんは半ば無理やりソニーに入社させられます。声楽家がソニーという企業に飛び込むことになったのです。

　創業者の二人の期待通り、大賀さんはその芸術知識やセンスを活かして、次々とソニーに革新的な製品をもたらします。テープレコーダーなどに「ソニーデザイン」と呼ばれる工業デザインを採用していったり、ＣＤやＭＤの開発、それに映画会社の買収などを手掛けたりしました。こうしてソニーの最盛期を築き上げるのです。

　大賀さんの例からわかるのは、「新しさ」を生むには、その人がどれだけ異分野の方法論を高いレベルで身につけなければならないかということでしょう。ちょっとゲームが好きだとか、ちょっと映画を観たことがあるというレベルではいけないのです。

　なぜかといえば、あなたはその異分野の方法論をただつかうのではなく、応用しなければならないからです。応用するにはそれをかなり高いレベルで身につけている必要があるのは自明です。

　だからこそ、みなさんは「これだ！」と思えるものを見つけ出す必要があります。一年や二年ちょっとかじって勉強をしましたというだけでは武器にはなりません。小説に演劇の技法を持ち込みたければ、劇作家として誰もが知っているぐらいのレベルにならなければそれはできません。反対に言えば、それだけ夢中にやることのできるものを武器としなければならないのです。

就職もひとつのプロになるということ

ただ、そこまで難しく考えないでください。人生によっては、一度挫折して就職するなど遠回りが役に立つこともあるのです。ある職業に就くというのは、一応その道のプロになるということであり、プロとしてのノウハウは身に付きます。

現に自衛隊や風俗や保険会社で働いた経験のある人たちが、その体験を持って小説を書いて売れたなんてことは山ほどあります。医者が小説家になるという例も非常に多いですよね。その世界でどっぷり働くことで、かなり高いレベルでの体験や方法論を身につけることができるのです。

もちろん、一日でも早く世に出たいと考えている若い人にとっては、遠回りは不本意なことでしょう。でも、もしやむを得ず理想通りにいかず、遠回りをすることになったら、それを前向きにとらえさえすれば、かならずその経験はやりたいことに活かせるはずです。

「ここでの経験を絶対に活かしてやる」

そういう気概さえあれば、いずれどこかで形になるものです。身につけたすべてを応用してやろうという意志が大切なのです。

私としては、「好きなこと」ばかりでなく、目の前に転がっていることすべてに興味を示し、夢中でやり、それを本当にしたいことに応用していってもらいたいと思います。いつかそれは形になり、成功を呼びます。

こう考えると、世の中に無駄なことなど一つもありませんし、そう考えられる人こそが何かを生み出せるのです。

行き詰ったらどうすればいいのでしょうか

「誰よりも勉強をした。違う分野のノウハウを身につけて武器も持っている。でも、なかなかうまくいかない。これからどれだけ先の見えない努力をつづければいいんだろうか……」

そんなふうに悩んでいる人もいるでしょう。自分はやるべきことをすべてやったはずだ。それなのになぜか道が開けない、と。

残念ながら、物事にはそういう側面があります。原因は様々でしょうが、運不運も含めてその人に流れが回ってこないことがあるのです。物事がうまくいくには、努力にプラスアルファして流れが必要です。ここは、いわば「神の領域」。その領域については、自分の力で何とかすることは非常に難しい。

その場合は、もうどうすることもできないのでしょうか。いや、私はそうは思いません。こうした質問を受けると、次のように答えることにしています。

「あるところで行き詰ることはあります。そしたら、**これまであなたが必死になって身につけたことを持って、まったく違う分野へ挑戦してみてください。**そこで新しい世界が開けることは往々にしてありますから」

前に、私はあることを成し遂げるためには、別の分野の勉強をするべきだといいましたね。たとえば日本料理の料理人になりたいからといって日本料理だけ勉強するのではなく、トルコ料理も勉強してみる。そうすると、日本料理にトルコ料理の要素が盛り込まれて「新しさ」が生まれるのです。

この発想を逆に考えてみてください。

つまり、これまで勉強してきたものを持ち込む形で、まったく別の分野へ挑戦してみるということです。たとえば、日本料理を十年修業した人が包丁職人になってみるというようにです。そうすれば、これまで勉強してきたものが、その分野で「新しさ」として受け止められることがあります。

こうした例として挙げられるのが、映画監督・黒澤明さんです。彼は若い頃画家を目指してずっと絵の勉強をしてきました。ところが、今の東京藝大の受験に失敗し、その後もなかなか画家として才能が開花しませんでした。それで映画会社に入って監督になるのですが、その卓越した美術センスによってみるみるうちに頭角を現し、「世界のクロサワ」と称されるまでになります。

実際彼がつくった絵コンテを見てみればわかるでしょう。カラーの絵の具で描いたそれは、画家の絵そのものです。また『夢』を初めとした晩年の作品は、映画というより美術作品のように仕上がっているものさえあります。ある分野を必死に勉強したものの芽が出ず、別の分野へ移って成功した良い例ですね。

実はこうした例は非常に多くあります。プロレス界のヒーロー力道山《りきどうざん》はもともと力士として関脇までいった経験がありますし、プロゴルファーの尾崎将司《おざきまさし》もプロ野球選手として西武に入団した経験があります。みんなそこまでやったけれど、「これ以上はいかないかもしれない」と思って転向して成功しています。

これはビジネスの世界でも同じです。とある会社が一つの事業をつづけていたところ、時代の波によってうまくいかなくなり、これまでのノウハウをつかって別の事業をはじめたら大成功したという例はいくらでもあります。

富士フイルムなんかがそうでしょう。富士フイルムは写真用フィルムで世界的なシェアを誇っていましたが、デジカメの登場でフィルムの需要が激減してしまいました。そこで、医療機器や化粧品といった分野に事業を展開したところ大成功。今なお巨大企業として存続しています。

方向転換は間違いではない

人は必死になって努力をしていると、どうしても一つのことしか目に入らなくなりがちです。それはそれで間違っていませんし、努力とはそういうものだと思います。

しかし、どうしてもそれが実らなかったり、行き詰ってこれから先何をしていいのかわからなくなったりした時、一度頭を柔軟にして別の分野へ方向転換してみるのも一つの方法です。サッカーでいえば、どうしても突破できなければ逆サイドに大きくパスをしてみるのです。それで壁を打開できることもあるのです。

もちろん、方向転換して成功するためには、その別の分野に手を出す以前にどれだけ努力していたかが大切です。そこでつくった蓄積がなければ、別の分野へ移ったところでそれが武器になることはありません。単純にまた一からやり直しになるだけで、余計時間がかかり、混迷していくことになるでしょう。でももし本当に努力してその分野のことをしっかりと身につけていれば、別の分野への挑戦を果たした時、それがとても大きな武器となることがあるのです。

私は何かをやろうとする時、どこかで頭を柔らかくしたり、視点を大きく変えてみたりすることはとても大切だと思っています。

若い時だからできることってなんでしょう

若さは最大の武器だと言われます。たしかにその通りです。ただし、それは「若い人が若さゆえの武器をしっかりとつかえれば」という条件付きの話です。

若さゆえの武器とは何か。それは大きく分けて二つあります。

①ベテランにできないことをやれる。

②業界に毒されない発想ができる。

まず①からみていきましょう。

その道で何年もキャリアをつんできた人と、新しくその世界に参入する人とでは置かれている状況がまったく違います。

ベテランと呼ばれる人たちは、すでにその世界で地位を築いています。たとえ彼らが若い頃はその手法が新しかったとしても、何年もそこで活躍して知られるようになれば、その手法がメインストリームになっていきます。それを真似する人も出てくるでしょう。そうなると、その手法には新しさがなくなっていきます。

また、ベテランはファンがついたり、一般に認知されたりすることによってブランド化されます。本人の意図とは関係なしに、「この人はこういう人だ」というイメージができあがるのです。ブランドとは安心感とも言い換えが可能でしょう。だからこそ、仕事の質がそこそこであっても話題になったり、支持者がいたりするのです。それがキャリアをつみ、人に認知されるということなのです。

一方、若い人にはそれがありません。誰もその人のことを知りませんし、その世界における地位もない。若い人がまず目指さなければならないのは、次のことです。

「ベテランができないことをやる」

ベテランというのはすでにファンを持っていますし、実力があります。本の世界であれば、この人が書けば最低限これぐらいのレベルの本にはなるし、これぐらいの読者はつくというのが計算できます。だからこそ、出版社はその作家に原稿を書いてもらおうとするのです。新人が同じことをやってもベテランに勝ちようがありませんので、出版社は本にする意味がないと判断します。

たとえば、有名な野球選手の自伝を出版することになったと想像してください。あなたは出版社の編集者です。本を執筆する書き手の候補は、A氏とB氏の二名。A氏は熟練の高名なスポーツライターで、これまで野球関係の本を何度か出してベストセラーにしたことがある人。一方、B氏は二十代の新人で本を出したことがない、自称「野球マニア」。

さて、もしあなたが編集者だったらA氏とB氏のどちらに本を書いてもらうでしょうか。

当然A氏ですよね。なぜならば、A氏の方が売れる確率が断然高いし、信頼できるからです。これがベテランと新人の差なのです。これは古くからある大手の企業とベンチャー企業という関係でも同じですし、一つの会社内でもベテラン社員と新人社員という関係でも同じです。

では、若い人はまったく新たに業界に入り込む余地はないのか。

そんなことはありません。若い人が介入するためにはベテランができないことをすればいいのです。

たしかにベテランのA氏は野球選手のインタビューをして自伝を書くことならできます。しかし、アメリカへ野球留学した無名の高校生についていって現地で暮らし、彼が大リーガーになるまでをずっと追っていくことは、若手のB氏にしかできません。なぜならば、A氏はベテランなのでやらなければならない仕事がたくさんあり、無名の高校生に長期間、朝から晩までへばりつくことができないからです。

これは私自身もそうでした。私は『物乞う仏陀』というアジア各国の障害者や物乞いと一緒に暮らしたルポルタージュを発表して世に出ました。では、ベテランが当時の私と同じように、スラムや路上に何カ月も住み込んで取材することができるかといえば、そうではないでしょう。仕事のスケジュール的にも、体力的にも難しい。だからこそ、私はベテランが割拠する世界に割って入ることができましたし、読者も「そんな世界を見てみたかった」と言って買って読んでくれたのです。もし、私がベテランでもできる仕事をしていたら、本を出すことはできなかったはずです。

書き手ばかりでなく、出版社も同じです。私の友人で出版社を立ち上げた若い社長さんがいます。出版社は、「取次」と呼ばれる会社に頼んで書店に本を配布してもらうシステムをとっているのが通常です。一年間に何百冊と大量に本を出している場合、出版社が一から十までそれをすべてケアするのは難しいので取次に頼むことで、本が全国にきちんと流通するようにするのです。これは大量の本を売るという点ではいいですが、出版社が本の販売に携わる機会が少ないので、一冊ずつにちゃんと手をかけにくいという欠点がありました。

新しく出版社を立ち上げた友人はその弱点に目を付け、取次を介さずに、直接書店に営業を仕掛けて取引をすることにしました。書店に対して一冊の売り上げを他社より多く支払い、書店内で様々なイベントを仕掛けたり、専用の棚を設けてもらったりするシステムを生み出して、それで自社の本の売り上げを伸ばそうとしたのです。大量に本を出さない限りは、そちらの方が堅実です。

既存の出版社は取次と共存関係にあったり、大量の本を扱わなければならなかったりするので、そうしたことができません。しかし、彼は若い企業であるメリットを最大限活かして、大手出版社にはできないシステムを構築したのです。

その結果、彼は厳しい出版業界に新規参入することができましたし、一躍注目され、さらにベテラン作家に「面白い」と思わせて本を書いてもらうことができたのです。こうしてみると、ビジネスにおいても同じことが言えるのがわかるでしょう。

業界に染まらない発想

次に②について考えてみたいと思います。まずは、その意味と発想方法について考えてみましょう。

　ベテランというのは、長い間その業界にいて活躍してきたからこそ、ベテランと呼ばれるようになるのです。長い間その業界にいれば、知らず知らずのうちにその世界の常識に染まってしまいます。あるいはベテランの常識が業界の常識となってしまう。

　一例として、三十年前には斬新《ざんしん》だといわれて人気を博したデザイナーがいたとしましょう。彼の発想は時代を経るにつれてどうしても古いものになってしまいますし、業界のことをわかっているので「これなら売れる」「いまならこういうふうにするべき」という発想で物をつくるようになってしまいます。もちろん、それはそれで実際に売れるのでしょう。しかし、それが三十年もつづけば、買う側からすれば新鮮味はなくなってしまいます。安心はあれど、ドキッとするものがなくなったり、違うものを求めている新しい世代の人の需要にこたえられないのです。

　そんな時、一番鋭利な感覚で古いものを見抜いて、新しいものへの需要を嗅《か》ぎ取れるのは業界に染まっていない若い人です。若い人ならば直感で「このベテランのここが古い。今の僕たちの世代はこれではなく、あれを求めている」とわかり、業界の定説やしがらみとは関係ないものをつくることができる。これが若い人が持っているもう一つの武器なのです。

ただ、若い人であれば、こうした発想を誰もができるわけではありません。若い人でも、その常識を知らず知らずのうちに刷り込まれてしまうことがあります。

私の知人のあるベストセラーエンターテイメント作家もそうでした。彼は大学時代に作家になりたいと思い、会社も途中でやめて何年も小説を書いては新人賞に応募して落選していました。お堅い純文学をガチガチの脳みそで書いていたようです。

しかし、何年やってもまったく芽が出ない。一次選考も越えないのです。そこで彼は「これでダメだったらやめにしよう」と考えて、純文学ではなく、昔から自分が好きだったものをそのままエンターテイメントの形で小説にして投稿しました。すると、それが瞬く間に新人賞を受賞してベストセラーに。そして映画化までしたのです。

このように若い人でも業界に染まっている場合があります。小説が好きで勉強をしているぶん、知らず知らずのうちに業界の影響を受けて自分らしさを失ってしまっているのです。

それは多大な努力をしている証拠であり、決して否定されるべきことではありません。ただ、若いからこそ、知らず知らずのうちに体にこびりついた既成の価値観をはがし、自分なりの新しい感覚をとりもどさなくてはなりません。そして、それを武器にして切り込んでいくのです。

いわゆる「天才」と呼ばれる人というのは、この自分らしさを無意識のうちに武器にできている人ですね。

しかし、天才は意識的に自分らしさを見つけ出したわけではないので、何が自分らしさであるかを理解できないことがあります。だから、一つ、二つ面白いものを作れてダメになってしまうこともある。そういう意味では、努力の蓄積によって業界に染まったものの、自分の力で自分らしさを見つけ出して登場した人の方が、自分らしさをしっかりと認識しているぶん、生き残るには有利だという考え方もできます。

私はみなさんがどちらのタイプなのかはわかりません。ただ、天才であっても凡人であっても、まず「**自分らしさを何とか見つけ出してみる**」。そして「ベテランのできないことをやってみる」ということをすれば、自ずと道は開けてくるはずです。そこに天才と凡人の違いはないはずです。

早いうちに世に出ると、どういうメリットがありますか

私は学生時代に、両親から口を酸っぱくして次のことを言われていました。

「二十代のうちに世に出ろ。そうでなければあきらめた方がいい」

分野によっても、世に出る年齢はまったく違います。スポーツは十代のうちに出るのが普通ですし、音楽なんかも十代から二十代の前半。他方、会社を起こすのは早くても二十代半ばから三十代半ばでしょう。

厳密に何歳かというのは別にしても、私は若くして世に出て、「新人」として扱われる期間に得られるメリットをできるだけ活用した方がよいと思います。特に次の三点においてそれはいえます。

①インパクトがある。

②経験をつむことができる。

③かわいがってもらえる。
④チャンスをたくさんもらえる。

まず、①の若いということのインパクトです。たとえば、三十歳の男性がIT企業を起こしてもニュースにはなりませんが、十六歳の高校生が起業すれば「学生社長」としてニュースになります。あるいは三十歳で芥川賞を獲《と》っただけではそこそこの話題にしかなりませんが、二十歳前後で獲ることができれば「学生作家誕生」などとニュースでつたえられて信じられないくらい本が売れます。若いというだけで別格の扱いを受けることができるのです。

プロとしてやっていこうとする人にとって、最初の段階で注目を浴び、認知度を高められるのはとても大きなことです。もし三十代、四十代の人たちが同じぐらいの認知度を得ようとすれば、二十歳前後で登場した人たちの何倍も何十倍もの実績が必要になってきます。若いうちに世に出るというのは、そういうアドバンテージを得られるということであり、その影響は後の数年間何かをやっていく時に自分を後押ししてくれるものになるのです。

また、業界にいる人たちも常に若い人の登場を待ちわびています。若い人には「**同時代性**」があります。「新しいお客さん」を引きつける力があるのです。十代の読者、十代の顧客、十代の観客、そういった人たちを呼び集めてくれれば、業界自体が大きく活性化していく。だからこそ、業界の人たちは若い人にそれだけの期待をするし、投資もするのです。

逆にいえば、若いうちに登場させてもらった人はそういう期待にどれだけ応えていけるかということが課題となってくるでしょう。若いのにベテランと同じようにお年寄りに受けるだけのものをつくってもなかなか重要視してもらえません。

その瞬間の経験をつむ

次に②の経験について考えてみましょう。人より早く世に出るというのは、それだけ多くの経験ができるということでもあります。

たとえば、ノンフィクションの取材であれば、取材にはお金がかかったり、相手の信頼が必要だったりします。一人でやろうとしたら、取材費を別の仕事をして稼がなければなりませんし、本を出したことのない人が取材相手の信頼を得るのは大変な労力が必要とされます。一、二年に一冊分の取材ができるかどうかというところでしょう。

ところが、すでに世に出ていれば、出版社から取材費をもらうことができます。そうすればアルバイトをして取材費を貯めずに済むわけですから、そのぶんの時間を仕事に費やすことができる。一日八時間バイトをして二時間取材や執筆をする人と、一日十時間取材や執筆ができる人とでは、時間や経験に雲泥の差がつくのはおわかりでしょう。それが三年、五年という期間になると、膨大な差となります。

ただ、この場合のメリットは、単純に作品を多くつくれるというだけではありません。重要なのは**「その時にしか関われない経験をつめる」**ということなのです。

たとえば、若い頃から長い年月仕事をしていれば、新しい雑誌を創刊するとなった時に、最初から関わらせてもらって全過程を間近で体験し、さらに一番注目される創刊号で作品を出すことができます。どれだけ雑誌に興味があっても、ある程度の期間前線で仕事をしなければそういうチャンスは滅多にめぐってきません。

テーマにおいても同様です。大きな事件や災害の取材に挑戦したいと思っていても、それらが頻繁に起こるわけではありません。しかしある程度の期間やっていれば、オウム真理教の事件や東日本大震災など数十年に一度の規模の出来事に遭遇し、真っ先にそこへ駆けつけて取材をすることができます。若い頃から業界の前線で実績をつくっていけば、いざという時に唯一無二の経験をつむことが可能になるのです。

私はものを長くつづけていこうとするならば、特に若い人はこういうことを意識的にやっていく必要があると思っています。若い人というのは最初の数年こそ新しい感覚を持っているのでちやほやされます。しかし、それも五年も経てば飽きられてきてしまう。いや、普通は二、三年で新鮮味はなくなるでしょう。だからこそ、それから先は、時代の変化を象徴するような出来事に自らかかわっていくことで、時代の中で自分の役割を作り出していく必要があるのです。

私のいる出版業界であれば、雑誌の創刊や大事件や大災害がそれにあたるでしょう。ITのベンチャー企業であれば、スマートフォンやタブレットといった新しいブームが到来する際にどれだけ自社の役割を確立できるかが重要になるかもしれません。若い人は時代の変化を敏感に感じ取って、節目節目で自分の役割を築き上げることが大切なのです。自分自身を時代の中でアップデートしていかなければならないのです。

ベテランとの距離を縮めてくれる

さて、③に目を移していきましょうか。③のかわいがってもらえるというのは、先輩からいろいろなことを教えてもらえるということです。

私は二作目の作品を出した後、『機動戦士ガンダム』の作者である富野《とみの》由悠季《よしゆき》さんが「君のような若い人と話がしたい」と対談に呼んでくださり、それを本にまとめてもらいました。あるいは、石油会社に勤める偉い方が現れてテレビ局の方などを紹介してもらったこともありました。

書評においても似たようなことが言えます。最初の一、二作の新聞に載った書評を読み返すと、次のように書かれています。

様々な複雑と不条理を、みずみずしい感受性によって叙述し、困惑を困惑のまま定着させる文章に感動を覚えた（略）。内容については詳しく書かない。実際に読んでいただきたいと思うからだ。著者の勇気（無謀とすれすれの）に驚嘆の敬意を表する。

ワンフレーズ・ポリティクスの単純さにすがってしまうほど心が脆弱《ぜいじゃく》になってしまったわれわれに、世界の奥深い起状を垣間見させてくれる好著だ。（大岡玲《おおおかあきら》、毎日新聞）

日本人の暮らしに対して、外国の人が「日本人は生きていない」ということがある。だから自殺が多いのであろう。でも著者はもちろん生きている。生きて動いている若者を感じると、私はほっとする。ネットの世界では、世代間闘争がいわれ、戦争でもなけりゃ、この閉塞《へいそく》状況は解決しないといってしまう若い世代もある。

ものを書きながらいうのも変だが、言葉はしょせんは言葉である。日常の生活も、また戦争も、言葉ではない。著者がアジアのあちこちを歩き回って、なんとか人々の暮らしを伝えようとする、そうした試みのなかでこそ、言葉が本当に「生きる」。（養老孟司《ようろうたけし》、毎日新聞）

お二人ともその世界の大家です。大岡さんにしても、養老さんにしても、私が若くなければこれほどまでに取り上げてくれなかったかもしれません。少なくともこれとは違う取り上げ方になっていたでしょう。若さゆえに目を留め、後押ししてくれる人も出てくるのです。

優れたベテランというのは、若い人が持っているものを自分で吸収しようとしたり、広い視野で認めて賛辞を送ってくれたりするものです。どんな形であれ、そうした方々と直にお会いしたり、やり取りしたりすることで、その人たちの姿や持っているものを間近で見せてもらうことは、かけがいのない体験になります。こうしたことができるのも、若いからこそではないでしょうか。

そして、最後の④のチャンスについてですが、これは大きな話なので、次にまとめて書きたいと思います。

若いからこそ得られるチャンスって何ですか

どの業界においても、新陳代謝は必要です。いつまでもベテランだけが占めている世界は自ずと衰退していきます。若い人間が次から次に現れるからこそ、その業界は新しいお客さんを巻き込むことができ、活性化していくのです。

だからこそ、業界は新陳代謝を望んで、若い人が参入できる門を開きます。文学や音楽や演劇やスポーツの世界であれば、新人賞がそれにあたるでしょう。若い人が脚光をあびることのできるチャンスを設けることで、盛り上げていこうとしているのです。

若い人が新人賞を獲ったりして業界への参入を果たせば、ベテランには得られない様々なチャンスが与えられます。私の体験で言えば、ある大きな雑誌で「うちはベテランと新人を交互に連載を任せている」と言われて連載させてもらったり、「新人共作」という形で大型の原稿を掲載してもらったりしたことがありました。東日本大震災が起きた時は「これからの日本に影響を与える災害の取材は、これからを担う若手にやらせた方がいい」ということでルポルタージュの執筆を任せてもらった経緯があります。

そうそう、講談社が『g2』というノンフィクション雑誌を創刊した際は、若手として参加させていただいたことがありました。創刊号では七十代、六十代、五十代、四十代、三十代と各世代から一人ずつ百枚前後の作品を寄稿したのですが、それに入れてもらったのです。若いというだけで、通常であればなかなか入りにくい企画に参加させてもらえることが少なくないのです。

チャンスには結果を求められる

若い人にとってこうしたチャンスは、フルイにかけられるという意味もあります。つまり、「こいつはつかいモノになるか」と試されているのです。

すでに業界には大勢の人がいるのに、いつまでも力のない若手に期待しつづけることはできませんし、数年したらその人よりさらに若い人が登場していきます。チャンスという名のフルイにかけて、力のない若手をどんどん落としていき、力のある若手だけをピックアップしていかなければならないのです。

こういうことをいうと、編集者なんかは「そんなつもりじゃない」と言う人もいます。しかし、意図しているかどうかは別にして、そういうものなのです。

新人共作という企画であれば、他の新人より圧倒的な作品をつくらなければ次にチャンスが回ってくることはありませんし、ベテランと新人を交互につかう連載枠でベテランの足元にも及ばない原稿を出せば、「やはりベテランに頼んだほうがいい」とか「別の新人を試してみよう」となるでしょう。

これは野球なんかでも同じですよね。新人というだけで一軍の試合に代打で出してもらえるかもしれません。しかし、そのもらったチャンスでホームランやヒットを打たなければ、二軍に落とされて次にチャンスを得るまで長い時間がかかってしまいます。そして次のチャンスも活かせなければ、さらに厳しい状況に追い込まれる。

若いうちのチャンスというのは、ベテランよりはるかに厳しく結果が求められる。そして、若い人は常にそれに応えつづけていかなければならない。それがチャンスでもあり、宿命でもあるのです。

私は、若いうちは信用がないぶん、与えられたチャンスをすべてものにすることで次のチャンスを得ていくしかないと思っています。それが若い人が生き残っていく方法です。一方、ベテランはその競争を勝ち抜いて生き残っているので信頼があるし、最低限の打率を守れる実力がある。だからたとえ何度か失敗しても、その後もチャンスをもらうことができる。若手とベテランとでは、そのように生き抜き方が異なるのです。

アピールしてチャンスをつくれ

では、本当に世の中に出れば、チャンスはもらえるのでしょうか。

たぶん、みなさんが思っているほど甘くはありません。本で言えば処女作がそこそこ売れたからといって、いろんなところから話がくるということはまずありません。野球だって代打で出てヒットを打ったからといって、次の試合からいきなり先発メンバーに入れてもらえることはありませんよね。

実際に私が文藝春秋から処女作を出した時もそうです。オファーをくれたのは二社だけ。朝日新聞出版と新潮社です。それとて、雑誌への連載などという話ではなく、「自分のお金で取材へ行ってください。原稿を書いて持ってきたら読みます」というものです。単行本化前提の雑誌の連載として正式に話をいただいたのは、二作目を出した後です。一作目でよほどの大ベストセラーを出せば別でしょうが、ちょっとやそっと褒められたり売れたりしたからといって、好条件の話が容易く来るほど甘くはないのです。

私が言いたいのは次のことです。

「世に出たというのは、アピールするチャンスを得られただけ」

野球でいえば、世に出るというのは、ドラフトで指名してもらってプロ野球選手になるということです。プロ野球選手になったからといって試合にでて活躍できるわけではありません。大半は名前も知られないまま二軍での生活を余儀なくされます。

では、プロの選手とアマの選手の違いは何か。プロ野球選手であれば、コーチや監督が目の前にいてアピールする機会があるのです。そこでアピールに成功しさえすれば、一軍の試合に参加することができるのです。

本についても同様です。新人作家になるというのは、編集者に声をかけてもらう機会を得たというだけです。そこでアピールに成功しさえすれば、二作目、三作目を出していくことができる。

どの業界であっても、一度でも世に出たならば、とにかくできる限りのアピールをしなければなりません。私はどうしていたかといえば、最初の頃編集者に会ったり、メールをしたりする度に、十本以上企画を用意して提出していました。とにかく考えられる限りの企画を提出していたのです。企画というのは提出すれば承知してもらえる可能性はありますが、提出しなければ可能性はゼロですからね。

また、運よく雑誌などの原稿依頼をもらったら、一本作品を出すのではなく、三本以上の作品を出して、「このうち一番いいものを選んでください」と言っていました。しかも締め切りより一週間も二週間も前に提出する。そうやっているうちに、「全部いいから連載にして全部載せよう」と言ってもらえたり、誰かが原稿を落とした時に「申し訳ないけど、半日で一本仕上げてくれないか」と頼まれたりするようになるのです。私はこの世界に入ってそろそろ十年目になりますが、今なお連載開始時には半年ぐらい先までの原稿を用意しておくことにしています。

重要なのでくり返しますが、黙っていてもチャンスは巡ってきません。チャンスは自分でつくりつづけていかなければならないのです。

それは中堅とかベテランと呼ばれるようなポジションになっても同じことです。黙っていて誰かが何とかしてくれるほど世の中は甘くはありません。中堅になる、ベテランになる、というのはアピールをする機会がさらに増えるだけの話であり、結局やっていくのは自分自身なのです。

絶対に勝たなければいけない時

もう一つ。アピールは常につづけていかなければなりませんが、ある一定期間やっていくと勝負をかけなければならない時というのがあります。「勝負時」です。

もちろん、若い人はすべてのチャンスで勝負をしていかなければなりません。しかし、時と場合によっては、明らかにそれまでとは違う**「絶対に勝たなければならない瞬間」**というのがあるのです。

私にとってそれはいくつかありましたが、十年近いキャリアの中で最大のものは東日本大震災でした。震災が起きた二〇一一年三月十一日。私の『飢餓浄土』という本の発売日でした。当時、私は海外ルポでデビューを果たしてから、海外に関するルポをいくつか出しており、『絶対貧困』などヒットした作品もいくつかありました。

ただ、この先ずっと海外ルポをやっていては読者や作品世界が限定されてしまいます。どこかで別のこともできるのだと示さなければならなかった。そこで私は日本を舞台にルポを書いていこうと考え、最初に『感染宣告』を出しましたがあまり売れませんでした。

これはかなりの危機でした。次に取りかかっていた戦後の浮浪児の話が同様にまったく売れないなんてことになれば、私にとって大打撃です。国内ルポを手がけて二作つづけて海外ルポより売れなかったという事態になれば、私は「海外ルポを書いている作家」というイメージに縛られることになり、数年後にはこの業界から消えることになるはずです。非情ですが、ものごととはそういうものなのです。私は非常に焦っていました。

そんな時、起きたのが東日本大震災だったのです。私は『感染宣告』の失敗を『飢餓浄土』と翌月発売予定の『ルポ 餓死現場で生きる』で取り返し、とりあえずは国内ルポの失敗をごまかそうと思っていました。でも、震災によって日本人の話題はすべて津波と原発に染まり、この二冊が売れる可能性はゼロになりました。春から予定していた浮浪児の連載も一端棚上げになることは間違いありません。

私は今この瞬間に起きている数十年に一度の大災害にすべてをかけることにしました。作家としてこの大災害に向き合わなければならないという気持ちは当然ありましたが、それと同時にこの震災に自分自身の作家人生をかけなければ三年後には消えていなくなるという危機感があったのです。

それで地震がおさまった直後に、あらゆる雑誌の編集者にメールを送って「震災の取材をさせてほしい」と頼んで、出版記念イベントや対談などをすべてキャンセルして現地へ赴き、最終的には釜石市の遺体安置所での光景を描いた『遺体』という代表作の一つを出すことになったのです。

今からふり返ると、もしあの時「新刊記念イベントや対談があるから被災地へ行くのは少し経ってからにしよう」とか「最初の国内ルポがあまり売れなくても、海外ルポが売れているから仕事には困らないだろう」と考えて被災地へ行くのを止めていたら、おそらくこの本を書いていなかったでしょう。少なくとも、「海外ルポを書いている作家」の殻を破ることはできなかったはず。そう考えると、あの時イベントや連載や出版予定などすべてを放り出し、半年ほどの時間を丸々震災取材にかけたおかげで今があるといえるのです。

後から考えると、人生には様々なターニングポイントがあるものです。野球の野茂英雄《のもひでお》さんやサッカーの中田英寿《なかたひでとし》さんが海外に活躍の場を移さなければどうなっていたか。ビートたけしさんが映画をつくらなければどうなっていたか。孫正義《そんまさよし》さんが一兆七千五百億円の借金をして携帯電話事業に参入しなければどうなっていたか。

普通に考えれば、みなさん挑戦をしなくても「一流」でいられたはずです。それでもすべてを失うリスクを冒してまでそれらをやることによって、また違うステージに進むことができたのです。

同じことは誰にでも当てはまります。チャンスが目の前にあっても、素通りしようと思えば素通りできることがほとんどです。しかし、そういう中から自分のすべてをかけて勝負するものを見つけ出して挑まなければならない瞬間があるのです。

この瞬間を正しく見つけられるかどうか。そして実際に勝負するかどうか。

それは、あなた次第なのです。

第三章　知っておきたいメディアの現実

メディアが報じることは事実なんですか

「マスメディアは事実をつたえない」

時折、そんな言葉を聞くことがあります。ここで申し上げておきますが、マスメディアが報じていることは、基本的には事実です。

ただ、みなさんにきちんと認識していただきたいのは、現実というのは一つではないということです。かならず多面性をもっているものなのです。

第一章で出した「警察24時」における歌舞伎町の例を憶えていますか？ 歌舞伎町には、ホストもいれば、オカマもいるし、ツアー客もいれば、修学旅行生もいます。また、深夜のネオンきらびやかな歌舞伎町も、朝の清掃員が掃除をしている閑散とした歌舞伎町も現実です。つまり、現実というのは数えられないぐらいの側面を持っているのです。

メディアの仕事は、多面的な現実から何か一つを「選別」し、わかりやすいように「編集」し、短い映像や言葉で何が起きたのかを「伝達」することなのです。「選別」「編集」

「伝達」が仕事なのです。

みなさんの中には、「それは脚色ではないか」という人もいるでしょう。これは昔からくり返されてきた議論ではありますが、メディアというのは何でも映し出す防犯カメラではなく、ある物事を選んでつたえるものです。何かを切り取って描くことが役割なのです。そういう意味では、原作の小説を映画化する時に行なう「脚色」とは同一のものではないといえるでしょう。

私はどんなことであっても、何かをつたえるには、「選別」「編集」「伝達」の作業が必要不可欠だと考えます。たとえば、アルバイトが終わって恋人と会ったとしましょう。恋人が「今日のバイト、どうだった?」と聞いてきたとします。あなたが次のように答えたとします。

「お客さんがいつもより倍ぐらい多くて忙しかったのに、店長が一時間遅れてきて大変だったんだ。お客さんはクレームつけてきて、新人のバイトの女子高生が泣きだして『もう辞めます』なんて言いはじめる始末だ。僕はその子を慰めていたせいで三十分店を出る時間が遅れちゃったんだよ」

きっと語っている本人は起きた出来事をそのままつたえているつもりですよね。しかし、現実はこの話とまったく同じであるはずがありません。

女子高生が泣きだして言ったのは「もう辞めます」という言葉だけではないでしょうし、前後にかならず何かを言っているはずです。たとえば「わたしもういや。今月末で辞めてもいいですか。たえられません」という言葉を、「もう辞めます」に変換しているのです。

また、「三十分店を出る時間が遅れた」と言っていますが、厳密には三十分ピッタリであるわけがなく、二十九分三十一秒かもしれない。でもそういえばつたわりづらいので「三十分」と言っているのです。

人が他人に情報をつたえようとする際は、わかりやすいように「選別」「編集」「伝達」という三つの作業を行ないます。逆にいえば、もし起きた出来事をまったく同じように表現してしまったら、あまりにも長くなって言葉のテンポがチグハグになってしまい、逆に情報がつたわらなくなってしまう可能性があります。だからこそ、つたえる側は三つの作業をすることによって、的確に情報を届けようとするのです。これは脚色ではなく、つたえるという作業なのです。

同じことはメディアについても当てはまります。

たくさんある現実のうちから何かしらを**「選別」**し、わかりやすいように**「編集」**し、そして「伝達」するのです。そうやって番組としてつくられた情報は起きた出来事のすべてであるかと問われれば、そうではありませんが、事実の一側面を明確化してつたえているのは間違いありません。

こうしたことは説明されれば誰でも理解できるはずのことです。しかし、私たちは情報に接している時、なかなかそこまで注意を払いませんし、気づきません。どうしてもつたえられる情報が現実のすべてだと思い込んでしまう傾向にある。だから多面的な事実の知らなかった側面を知った時、「メディアは嘘《うそ》をついている」とか「メディアは事実をつたえない」という言い方をするのです。

でも、それは厳密に言えば誤りであり、その人が単純にメディアが提示した事実とは別の事実を見つけたにすぎないのです。もっといえば、あなたがメディアの切り取った一つの事実をすべてだと思い込んでいたから、「裏切られた」と怒りを覚えてしまうのです。

多面的なのに一面しかつたえない

とはいえ、つたえられる側の勘違いなので、君たちが悪いと言うつもりはありません。メディアの役割は事実を切り取ってわかりやすいように伝達することではありますが、その切り取り方に問題を感じる時もあります。

それは事実が多面的であれば、十社のメディアがそれぞれ違う事実をつたえるべきなのに、なぜか十社すべてが同じ事実をつたえてしまっているという点です。だからこそ、つたえられる側はメディアの情報が事実のすべてであると誤認するのです。

では、なぜそうしたことが起きてしまうのか。

これはメディアが共通の方法論の中で「選別」「編集」「伝達」を行なっているためです。テレビの報道局がつくっているニュースには、ニュースなりの方法論があります。報道局で働いている人は大勢いますから、本来一人ひとり受け止め方も考え方も違うはずです。だからといって、各々が勝手な解釈で現実を切り取って編集をして流せば、見ている人は意味がわからなくなる。特にテレビや新聞といったマスメディアは流せる一つの情報量が少ないですから、ある状況を描くのに目線や意見があっちこっち移っていたら視聴者は混乱してしまいます。

朝のニュースを考えてみてください。同じチャンネルで朝七時からのニュースで「殺人事件の主犯のAは怖い人間だ」と報じておきながら、朝八時からのニュースでは「Aはこんなに親切な人間だ」と言い、お昼のニュースで「Aはビジネスマンとして優秀な人間だ」と言えば、テレビの視聴者は「Aって何者だ？」と混乱してしまいますよね。

被害者についての報道でも当てはまることです。あるニュースでは「Aに殺されたBは国連職員を目指していた優秀な女子大生だった」と報じ、別のニュースでは「Bはキャバクラで働いて月に五十万円稼いでいた」とつたえ、さらに別のニュースでは「鬱《うつ》病で何度か自殺未遂をした」と言ったらどうでしょう？　もうわけがわからなくなります。

でも、現実というのは本来そういうものなのです。殺人犯のAに恐ろしい面もあれば、親切な面もあるし、ビジネスマンとしてできる面があっても不思議ではない。被害者のBに関しても、鬱病でキャバクラで大金を稼ぎながらも国連職員を目指していたっておかしくはありません。

しかし、報道はどうしてもつたえられる時間や文字数が限られてしまうので、すべてをわかりやすく伝達することが難しい。だから、メディアなりの方法論でテレビニュースは「殺人者Aは恐ろしい人で、被害者Bは国連職員を目指していた有望な女子大生」として報じるのです（ちなみに、週刊誌ならば「殺人者Aは優秀なビジネスマンで、被害者Bはキャバクラ嬢」という切り取り方をします）。そして、これを十社が十社みんな同じようにやるために、受け取る側が「これが事実のすべてだ」と思い込むようになってしまっているのです。

私は発信するメディアが間違っているとか、受け取り手が不注意だという話をしているわけではありません。そんなことを議論しても、なかなか現状は変わらないでしょうし、それがメディアの一つの役目でもあります。ならば、受け取り手が大前提として「現実は多面的なものであり、メディアが報じていることはその一面に過ぎない」ということをしっかりと認識するべきなのです。

メディアは利用するもの

メディアは多面的な現実の一つをつたえるものだ。

こうした前提に立って情報を自分なりにうまく受け止めるにはどうすればいいのでしょう。それは、メディア情報を鵜呑《うの》みにするのではなく、利用すればいいのです。メディアの情報は基本的には間違ってはいませんし、いち早く起きたことをつたえてくれる。ならば、それを自分の目的に合うように利用していけばいいのです。

実際、私自身はそうするようこころがけています。私にとってテレビや新聞は、何が起きているのかを知るきっかけに過ぎません。いくつかの情報に接していると、その中にふと「これを考えていけば何かあるのではないか」と思ったものがでてきます。すると、それを入り口にして情報の裏側にある全体像を調べ、自分なりにこう見るべきだろう、と思った別の一面を活字という形にするのです。

たとえば、こんなことがありました。ニュースで「若いお母さんが、赤ん坊の泣き声がうるさいからと言って口を塞《ふさ》いで殺してしまった」と報じられていました。私はそれを見て、「どういうこと?」と思いました。普通の人が自分の赤ちゃんの泣き声がうるさいからといって殺すでしょうか。

私はこれをきっかけにしてこの事件には報じられていないけど、もっと重要な側面があるにちがいないと思って調べてみることにしました。すると、報道にはなかった、加害者であるお母さんが知的障害を患っているという側面が見えてきました。知的障害があるせいで、赤ちゃんが泣きはじめた時にパニックになって、泣き止ませる方法がわからずに口を塞いでしまったのです。

報道とは別の側面を知った時、私はこの事件は「若い母親が赤子の泣き声に我慢できなくなって殺した」と描くより、「障害をもつ女性が赤子の泣き声にパニックを起こしてわけがわからずに殺してしまった」と描くべきと考え、そうしました。これが私なりのメディア情報の利用の仕方です。

むろん、作家でもジャーナリストでもない方は、私とは情報の使い方がまったく異なるでしょう。しかし、鵜呑みにすることなく利用するという意味では、大きな違いはありません。料理人は料理人、銀行員は銀行員、スポーツ選手はスポーツ選手の立場で、それぞれメディアの一面を自分のためになるように活用すればいいのです。そうすれば、メディアの情報というのは、それまで思っていたより何倍も有意義なものになるはずです。

現場へ行かなければ、現実を知ることはできないのですか

私は現場に行かない限り、現実の多面性を目にすることはできないと思っています。もっと言えば、現場へ行ったとしてもわかるものは限られてしまいます。現場に行ってどこまで奥へわけいってものを見たかが重要だと考えています。

もしあなたがメディアで働くことを目指したり、公の場で何かを語ろうとしたりするのであれば、他人が流している情報だけで物事を理解しようとしてはいけません。自分自身で実際に現場へ行って、物事を深くまで掘り下げて、多面性をしっかりと見つめた上で自分なり

に整理をしていかなければならないのです。

現実を多面的に理解することは、なぜ重要なのでしょうか。どうして一面からではなく、多面的に現実を理解しなければならないのか。

それを理解するうえで参考になる話があります。私の尊敬するジャーナリスト松本仁一《まつもとじんいち》さんに教えていただいた体験談をここに紹介したいと思います。『ノンフィクション新世紀』という本にも書いてある話です。

■松本仁一さんの経験

松本仁一さんは大学を卒業した後、朝日新聞社に入社して新聞記者として働いていました。記者は地方の支局で修業をつむのが決まりで、松本さんも埼玉の支局に配属され、県警の「サツ回り」をしていました。警察署に顔を出すと、そこに今日起きた事件のメモが貼り出されているので、そこから大きな事件を選び出して記事にするのです。

ある日、警察署へ行くと、メモにトラックが三輪車に乗った三歳の女の子を轢《ひ》き殺したという情報がありました。松本さんはそのメモを夕刊用の記事として書いて提出しました。記者は警察情報を右から左に流すことがとても多いのです。すると、それを読んだ上司が松本さんにこう言いました。

「松本君、君は現場に行ったのか。行ってないならすぐに見て来なさい」

夕刊の締め切りまで時間がありません。しかし上司はどうしても行って来いという。松本さんは渋々事件現場に行くことにしました。

事件現場では、ちょうどトラックの運転手が手錠をはめられ、現場検証を行なっているところでした。その運転手の服の胸にはべっとりと赤い血がついている。松本さんが運転手に話しかけてみると、彼は住宅街から飛び出してきた三輪車の女の子をはねてしまった後、血だらけのその子を抱きかかえて近所の煙草屋《たばこ》まで行って「一一〇番してください」と頼んだということでした。自分がはねた女の子を何とか助けたかったのでしょう。

運転手はうなだれてこう言いました。

「でも、俺は間違っていた。一一〇番じゃなく、一一九番をして救急車を呼ばなければならなかったんだよ」

動揺のあまり一一〇番をしたことで、女の子を助けられなかったと悔やんでいたのでしょう。松本さんは血だらけの運転手が落胆する姿を見てかける言葉が見当たらなかったそうです。

それから松本さんは会社にもどり、上司の命令で再び記事を書き直しました。上司はできあがった原稿を読んで、松本さんにこう尋ねました。

「事故現場に行かずに書いた記事と、行った後に書いた記事とでは、何が違っているかわかるか？」

最初松本さんは自分の原稿の何が違っているのかわかりませんでした。二回読み返して初めて気がついたのは、現場に行かずに書いた記事では加害者の運転手を呼び捨てにしていたのに、行った後に書いた記事では運転手に「さん」をつけていたことでした。実際に現実を見たことで、無意識のうちに相手を犯罪者ではなく、一人の人間としてとらえて「さん」をつけるようになったのです。

私はこれこそが現実の多面性を理解することだと思っています。

交通事故を起こした運転手は「犯罪者」です。しかし、実際に彼に会ってみると女の子を抱えて必死になって助けようとした別の側面が見えてきて、一概に悪い「犯罪者」として決めつけることができなくなる。この時点で、松本さんは運転手を「犯罪者」ではなく、一人の「人間」として見たといえるのです。

私は良いとか悪いとかいえなくなることが、現実を理解するためのスタート地点だと思っています。批判をするのならば、そこまで理解した上で批判をすればいい。しかし他人が得た情報だけで一面からのみ批判するべきではありません。だからこそ、ジャーナリストや作家、あるいは公で考えを口に出す機会のある人は、可能な限り現場へ足を運んで多面性を理解しなければならないのです。

とはいえ、これはあくまでメディア関係者や公の場で何かを語ろうとする人に当てはまることです。多くの人は、メディアの情報に関心があったからといって一々現場へ行くことなど時間的にも金銭的にも不可能でしょう。それに全員が全員そんなことをすれば日本は立ちいかなくなってしまいます。

様々なメディアを利用し多面的にみる

では、一般の人たちには現実の多面性を見ることはできないのでしょうか。

否。私はそんなことはないと思っています。現場へ行くよりは情報が限られてしまいますが、メディアリテラシーという方法によって少しは多くの面に目を向けることができるのです。

メディアリテラシーは、近年特に注目されている概念です。それを少し説明しましょう。

先に私はマスメディアは同じ方法論でニュースをつくるので、どれも同じような現実の一面しか映らないという話をしました。「加害者のAは恐ろしい人で、被害者のBは前途有望な女子大生」といった一面だけで出来事を語る報道です。かつてはテレビの地上波と数社の大手新聞社、あとは週刊誌ぐらいしか情報を得る手段はありませんでした。つまり、あらかじめ決まった切り取り方の報道にしか接することができなかったのです。

現在はこうした状況が大幅に変わってきています。様々な番組がつくられ、インターネットをはじめとした小さなメディアが星の数ほどでてきています。そしてそれぞれが違う現実を出すようになっている。

たとえば、マスメディアが「Bさんは前途有望な女子大生」とつたえる一方で、インターネットは「キャバクラで働いていた」という情報を掲載するようになった。そうなれば、これまでは一面でしか知りえなかった現実が二面からわかるようになる。つまり、遠くにいても目にできる情報の側面が増えたのです。

むろん、インターネットはとても未熟なメディアであり、信用や参考に値しない情報もたくさんあふれています。しかし、だからといって「ネットから情報を得るのは間違っている」というのは断定しすぎだと思います。要は受け取り手の取捨選択の問題であってあくまで自分の責任で情報をピックアップしていけばいいのです。ネット社会ではそれだけ利用者側の責任と能力が問われるのです。

東日本大震災を例にして、各メディアの違いを見てみましょう。

マスメディアは総力をあげてあの震災の取材を行ないました。震災では死者、行方不明者合わせて一万九千人以上もの犠牲者がでましたが、どのテレビ局や新聞社も基本的には犠牲となった方々のご遺体を映し出すことはしませんでした。

それは数百万人、数千万人といった人に対してご遺体の映像を無料、あるいは無料同然の価格で垂れ流しにすることが適切でないと判断したからです。数百万人、数千万人が見ていれば、それを悪用する人もいれば、プライバシーを侵害しようとする人も出てきます。もちろん、絶対に見たくないと思う人も多いでしょう。マスメディアはその影響力の大きさから自粛したのです。

では、マスメディアより一段小さい中規模メディアはどうだったでしょう。中規模メディアの一つに出版社の存在があります。出版社が出している雑誌や書籍がマスメディアと異なるのは、情報を無料で垂れ流しにするのではなく、数百円から千数百円という価格と引き換えに厳選した情報を提供している点です。だからこそ、出版社は自分たちの責任において、一部の雑誌では遺体の姿を載せましたし、遺体安置所の光景も掲載しました。

私自身『遺体』という本で、遺体安置所で朝から晩まで必死になって犠牲者の尊厳を守ろうとする人々の姿を描きました。そこにこそ震災の恐ろしい現実、生き残った人たちが犠牲者をなんとか供養しようとする姿、遺族が忘れないでほしいと願うものなどがあると考えたからです。

次に小規模メディアはどうだったでしょう。ネットのブログは匿名性があり、個々のメディアとしては非常に小さい。それゆえマスメディアや中規模メディアと比べると、載せるものに対する倫理感が薄く許容度もかなり高いのが現状です。

このため、海外メディアが撮った遺体の写真を勝手に転載することがありました。また、遺体に泣きすがる遺族の顔が映っているものもありましたね。良い悪いは別にして、小規模メディアだからこそ、できたことです。

これらの例からわかるように、メディアには、マスメディア、中規模メディア、小規模メディアそれぞれの役割があります。それぞれができること、やるべきことが異なるのです。これらすべてを合わせると現実の一面ではなく、いくつもの面が見えてきます。

メディアリテラシーとは、情報を受け取る側が主体性を持って自分にとって必要な情報をその中から選びとっていくということです。そうすることで多面性のある情報の中から自分なりの物の見方や考え方を築いていけばいいのです。

会社員とフリー、どちらがやりたいことができますか

メディアの仕事に就きたい人の中には、就職するかどうかという悩みを持っている方も多いと思います。こうした質問をされると、私はこう答えています。

「あなたは何をやりたいのですか。やりたいことから逆算してフリーになるのが近道だと思えばそうするべきでしょうが、そうじゃないなら企業に勤めてしっかりと経験をつむべきだと思います」

メディア関係の仕事をするにあたって企業で記者として働くのは、とても有意義なことです。小説とは違い、事実をもとにして作品をつくろうとした場合、お金にしても、ノウハウにしても、発表媒体にしても、必要となるものがとても多い。マスメディアというのはそれ

を持っています。

まず何かが起きた時、真っ先にその情報をつかめるのは、警察や行政と深いつながりを持っているマスメディアです。個人はもちろん、雑誌などでも最初の情報はマスメディアから受け取るしかありません。まともに競おうとすると、どうしてもマスメディア以外の人たちは後塵《こうじん》を拝することになってしまうのです。

現場へ駆けつける力も同じです。大災害が起きた時に、マスメディアであればヘリコプターで行くことができます。現場に到着した後も、NHKや朝日新聞の名刺があれば、取材対象者は簡単に答えてくれます。個人がインタビューに答えてもらおうとしたら、彼らの何倍もの努力をしなければなりません。

少なくとも現場に駆けつけて話を聞くという点においては、マスメディアは個人や中小規模メディアとは比べものにならないぐらいの力を持っているといえるでしょう。それを考えれば、マスメディアに就職して働くということは、個人ではできない経験をつむ絶好の場といえるはずです。若い人にとってはかけがえのない体験になるのではないでしょうか。

とはいえ、いいことばかりではありません。マスメディアといっても一企業です。企業に属すれば、その企業のルールの中で物事を決め、行動していかなければなりません。

やりたくないこともやらなければならないし、時には黒い物を白だと言って企業の価値観に従わなければならない。そういう意味では、明確にやりたいことがある場合、それを満足できるまで自由にやることは不可能でしょう。基本的には数日に一度は会社から「こっちをやれ」と命じられて従わなければならず、フリーのように一つのテーマだけ何週間も何カ月間も満足できるまで追いかけることはできないのです。

もう一つ企業に属していて不利になるのは、価値観を刷り込まれることでしょう。企業の中で五年、十年と働いていると、知らず知らずのうちにその方法論が染みつくことがほとんどです。それはそれで必ずしも悪いことではないのですが、後に作家として独り立ちした時に「個性がない」などと社会経験が逆に欠点になることもあります（もちろん、人によってはそれを有利に転じさせることもできます）。つまり、その人である必然性とか目新しさといったものが、知らず知らずのうちにそぎ落とされてしまう可能性があるということです。

どちらも目的を果たすための手段

私自身のことをふり返ると、まさに両者を天秤《てんびん》にかけてフリーになる選択をしました。私の場合、学生時代にパキスタン、アフガニスタンを訪れた旅の中で、「物乞いをする障害者のルポ」という自分にとってやるべきテーマを見つけました。このルポルタージュを何としてでも形にしたいという思いに取りつかれていましたし、それで失敗することはないと確信していました。誰に保証されたわけではありませんが、自分の中ではそう固く信じていたのです。

当時の私にとってもっとも怖かったのが、せっかく自分が見つけたテーマを誰か別の人間にやられることでした。また新聞社やテレビ局に勤められたからといって、途上国の物乞いと何カ月も暮らすことを許してくれるはずもない。ならば、就職せずに、できるだけはやくフリーの身で海外へ行って、やりたいと思ったことを十分にやって作品をつくるべきだ。そう考えて就職せずに外国へと飛び、作品を世に出したのです。

こう書くと、みなさんの中には「やっぱりフリーの方がいいかな」と思う人も出てくるかもしれませんね。しかし、フリーも一長一短です。たしかにいろんな面で「自由」がありますす。いくらでも取材する時間はあるし、いくらでも表現方法は好きにしていい。ですが、その自由を得る代わりに別の規制があります。たとえば総理大臣などトップの政治家や警察への取材は受け付けてもらえませんし、取材費は一部の売れている人でなければ一円も出ないのが普通です。

あとはフリーの人間は会社員以上に、作ったものが市場の中でしっかりと利益を生むことを要求されます。出版社からは「自由に取材して書いてください」と言われて何でも許されますが、逆に言えばそれは「自由にやるのを許すから、それなりの利益を今すぐに出してください」ということなのです。

会社だってもし社員が同じことをやって同じ利益を出せるなら、社員にやらせた方が効率がいいですよね。そうじゃないからこそ、外部のフリーの人間を呼んで自由にやらせるのです。

また、フリーの人間は自分の作ったものが生み出す利益に対して完全歩合制で収入を得ることになり、もし利益を出せなければどれだけ努力しても一銭ももらえないのです。物書きの仕事において普通のサラリーマン以上に利益を得ている人は決して多くはないはずです。

企業に勤めるにしても、フリーで働くにしても、それなりにものすごく大変なのです。どちらが楽だとかそんなことを考えている人は、きっとどちらの道へ進んだとしても「こういうつもりじゃなかった」と不平を言うでしょう。それではうまくいくことなんて初めからありません。

あえて極論を申し上げますが、私は「フリーでなければできないこと」というのはほとんどないと思います。逆に「会社員でなければできないこと」もほとんどないかもしれません。新聞社に勤めていたって作家と同じ仕事をして本を次々と出している人は大勢いますし、フリーになっても企業の注文を受けて社員のアシスタントのような仕事をしている人はたくさんいます。やる人はどこにいてもやるものなのです。

若い人はここをしっかり考えるべきです。私がこれまで書いたことはすべて忘れてください。つまり、「企業じゃできない」とか「フリーじゃなきゃダメ」という概念を取っ払ってみてください。そして最初に書いたようにこう考える。

「自分は何をしたいのか。それを成し遂げるための最短の道は何なのか」

その答えが、フリーとして自由を得ることであればフリーになればいいと思いますし、企業に勤めて組織の力を借りてやることならばそうした方がいい。そしてもし自分でもどうしたらいいのかわからないのであれば、考える猶予を持つためにも就職した方がいいと思うのです。

結局のところ、勤めるとか勤めないといったことは、目的を果たすための手段でしかないと思っています。まず自分は何をやりたいと思っていて、それを成し遂げるには何をすればいいのか。そう考えた時に自ずと出てくる最短の道と思える選択肢を取るべきなのです。

そうやって選びだした選択肢は、あなたにとって間違っていないはずです。

取材はどのようにしていますか

「取材」とは、「材料を取る」と書きますが、その方法は何を取材するかによって千差万別です。また、メディアごとの違いもあります。

テレビ局の取材は、テレビカメラを回さなければ話になりません。そのためどういう映像を撮るかということを中心にして取材が進められます。同じ取材を一週間するのだとしたら、毎日新しい映像が必要になってくる。

新聞記者の取材は、映像は基本的にはつかいません。したがって活字情報がメインになってきます。ただ、新聞はスピードが命ですので、いち早く情報をキャッチしてどこよりも先に流さなければなりません。

同じ活字の取材でも、私のような書籍を書く人間の取材はまた異なります。新聞は数百字とかせいぜい数千字の分量ですが、書籍はその何百倍もの分量になるわけで、その分たくさん話を聞いたり、前後関係を調べたりしなければならないのです。当然新聞記者のやり方とは違ってきます。

テレビなどの映像を主とした取材と、新聞など活字を主とした取材の違いはカメラの存在などおおよそ想像がつくでしょうが、新聞と書籍の違いはちょっとわかりにくいかもしれませんね。誤解もあるかもしれませんが、一応参考までにということで具体例を挙げて説明しましょう。

二〇一二年の十月、兵庫県尼崎市で凄惨《せいざん》な殺人事件が発覚しました。角田美代子《すみだみよこ》という六十四歳の女性がマンションに大勢の人たちを住まわせ、合計十名近い親戚や仲間をリンチ、殺害したというのです。事件が明るみに出た時、メディアは日本の犯罪史上最大規模の殺人事件だと騒ぎ立て、一斉に取材を開始しました。

この時、新聞記者が重要な情報源とするのは警察です。警察はすでに容疑者を逮捕していますし、発覚する前から捜査を進めているので、メディアの人間よりはるかに情報量を持っています。そのため、新聞記者は日ごろから警察と親しくし、飲み会に出席したり、個人的に情報交換をしたりして、いざという時に情報を流してもらうのです。彼らの用語でいえば、「夜《よ》討《う》ち、朝駆《あさが》け」といったものですね。つまり夜警察の仕事が終わったのを見計らって家の前で待ち伏せして情報をもらったり、朝出勤する際に話しかけて事実関係を確認したりするのです。

たとえば、夜討ちの場合は、こんなふうな会話が行なわれます。

記者「今日はお疲れ様でした。民家の床下の遺体捜査をしたんですよね」

警察「ああ。見つかったで。三体や。とりあえず、一日置いて明日署へ運ぶ」

記者「どなたの遺体だったんですか」

警察「××と××と××だと思う。共犯者がそう言ってんだからな。ただ、記事に名前だしたらあかんで。DNAで調べてわかったら教えたるから、それまでは伏せとけや」

記者「ありがとうございます。ちなみに、自白したのは誰なんですか」

警察「そんなん言えるわけないやろ。美代子じゃないことはたしかや。何人かはオチとる」

こういうやり取りの後、記者は次のような記事にします。

〈×月×日、民家の床下を捜査したところ、関係者の自白通り三体の遺体が発見。行方不明者と思われるが、×日以降警察署へ搬送し、身元を特定する予定。逮捕された関係者のうち数人は自白を始めているものの、主犯とみられる角田美代子は黙秘をつづけている〉

このような警察情報をまとめるのが、第一にやるべきことなのです。

小さな事件であれば、記者はほとんど自分では取材をせず、警察情報を右から左に流すだけです。彼らにとってはいかに朝刊と夕刊に間に合わせて起きたことを早くつたえるかが最優先課題なのです。

ただ、尼崎の事件のような大きな出来事については、新聞の紙面でも大きく扱わなければならないため、警察からもらえる情報だけでは不十分なので、彼らも大勢の記者を投入して取材を行ないます。事件現場の近隣住人に話を聞いたり、親戚にインタビューをしたりすることで事件の全体像をより鮮明に描いていくのです。

新聞記者が取材でもっとも重要視しているのは、「抜く」か「抜かれた」かということです。半日ごとに新しい情報を掲載していかなければならず、そこが他紙との競争に勝ったか負けたかのラインになります。だからこそ、他紙より早くに新事実を掲載できるかどうかというところで争いが行なわれているのです（これはテレビのニュースも同じです）。

ちなみに、ある記者から聞いた話では、尼崎の事件では某紙がライバル紙にたてつづけに抜かれてどうしようもない状況に陥っていたそうです。スピードを争う取材では、一度出遅れるとどんどん周回遅れになってしまうのです。

それで焦ったのか、某紙は警察からまだ発表するなと言われているネタを掲載して一発逆転を狙い、警察の怒りを買い、出入り禁止になって警察情報を一時もらえなくなってしまったとのことでした。新聞記事がつくられる背景には、そんなライバル紙同士の熾烈《しれつ》な戦いと警察とのコネクションが大きく関係しているのです。

メディアによってやり方は様々

週刊誌は、新聞のように半日おきに情報を更新していく必要がありません。しかし、彼らは新聞より数倍高い価格で、数倍の分量の記事を掲載するところに存在価値を持っています。読者が雑誌に求めるのは、単に新聞の数倍の分量の記事ではなく、新聞があばいていない新事実です。

極端に言いますが、新聞は犯人の顔写真を手に入れて警察情報に近隣住民の証言を盛り込めば十分大きな記事になります。でも、週刊誌の記者は犯人がどう暴力団員とつながっていたかとか、どこで風俗店を経営していたかとかいったところまで明らかにしなければならないのです。したがって、記者たちはその情報を掘り起こすために徹底的に現場取材を行なわなければなりません。週刊誌の記者は、この取材力が非常につよいといえるでしょう。

そうそう、尼崎の事件の時、某テレビ局のディレクターがこんなことをぼやいていました。「週刊文春の取材力には恐怖すら感じる。週刊文春が通った後には草が一本も残らないような状態になる」

それほど徹底的に関係者を洗って、なぜその事件が起きたのか、犯人はどういう人物なのかを調べているのです。もう一度くり返しますと、マスメディアはデイリーで一時情報を流すのがメインですが、週刊誌はウイークリーであり、記事の情報量も多いので、さらに深い情報が必要とされるため、そこまでしなければ三百円、四百円払って数十万人が買ってくれる商品にならないのです。

では、書籍はどうかといえば、基本的にはマスメディアや週刊誌のような時間を軸にした競争とはあまり関係ありません。だから他のメディアとともに一斉に押しかけて無理やり話を聞くようなことはしません。

その代わり、数週間、数カ月という時間をかけてじっくりと取材を進めていきます。マスメディアや週刊誌が数分から数十分で終えていたインタビューを、相手と個人的な関係を築いて何時間も何日も行ないます。時には一緒に食事をし、時には家に泊まらせてもらう。深い関係にならなければ聞けないようなことを聞いていくことでしか本として成立しないのです。また、裁判をくり返し傍聴したり、弁護士や遺族から資料をもらったり、犯人と手紙のやり取りをしたりします。そうやって得た情報を何十枚、何百枚という原稿にまとめて出すのが、書籍における取材方法なのです。

余談ですが、大きな事件が起きたとして取材にかける人数は、マスメディアが一社当たり十数人から数十人規模だとしたら、週刊誌が三人から十人規模です。作家の場合は基本的には一人でやります。昔は作家もフリーの記者を何人もつけてもらって取材をしていましたが、今は一人でやるのが普通です。あっても編集者や記者が一人協力してくれるかどうかというところでしょう。

取材で話を聞くとき、どうすれば嫌がられませんか

二十代の頃から取材をして書くということをしていますが、私自身は本気で取材を嫌がられた経験は決して多くありません。もちろん、まったくないわけではありませんよ。ただ、マスメディアの取材と私のような書籍の取材とではやり方や目的がずいぶん違うので、彼ら

に比べると少ないのです。

　殺人事件を例にとってみましょう。A氏が殺人を犯したとすれば、各社の記者たちは警察からその情報を受け取った後、一斉にあの手この手をつかって住所を調べ上げ、A氏の親族や、同じマンションの住民に片っ端から声をかけてインタビューをしていきます。

　マスメディアの記者は、「抜く」か「抜かれた」かという競争の中で仕事をしているため、他紙に抜かれて上司に怒られるのを恐れ、なりふりかまわずに情報を聞き出そうとするのです。一人の親族のもとに十人、二十人の記者がバラバラにやってきて「犯人のAは他にも事件を起こしたことはあるのですか」とか「Aの両親や兄弟は何をしている人なんですか」という質問を浴びせることも珍しくありません。

　当然、親族にとって殺人を犯したAは汚点でしかありませんし、その恥を世間にさらしたくないので、取材陣を追い払おうとします。怒りをあらわにして怒鳴り散らしたり、物を投げつけたりする人もいるでしょう。

　また、記者たちは殺された被害者の女性Bの家にも押しかけます。殺されたBの両親や兄弟のところに行ってマイクを向け、「殺されて今の心境はどうですか」とか「Bさんの写真を下さい」とインタビューをするのです。家族はただでさえ娘を殺されていてショックを受けているのに、連日連夜インターフォンを鳴らされて同じことを聞かれれば、さすがに嫌気がさすでしょう。

むろん、記者たちも彼らが取材を嫌がっているのはわかっています。それでもやらなければならないのは、先ほども言ったように「抜く」か「抜かれる」かという競争の中で仕事をしているので、相手が嫌がっているとわかっていても、それを考えないようにして押しかけて情報を引き出さなければならないのです。そうしなければ会社の中で生き残っていけないからです。

不幸なのは、こうした競争が記者たちを「より過激な取材」へと駆り立てることです。C社は被害者の日記の映像を流したから、D社はそれをさらに上回るために被害者の両親が涙ながらにインタビューに応じる映像を流さなければならない、E社はもっとハードルが上がって事件直後に偶然撮られた被害者が刺された映像を見つけ出して公開する必要がある、などとなるのです。

以前、あるテレビの報道関係者がこんなことをぼやいていました。

「会社に入ってから、『抜かれる』ことが恐怖症のようになった。『抜かれる』なんてことになったら、上司どころか報道局のみんなから白い眼で見られて、いつ窓際に飛ばされるかわからない。だから感情を殺して取材をしなければならなくなった。でも、そんなことを五年も六年もつづけていたら、はたして自分が人間の心を持つ生き物なのかどうか自信がなくなってきた」

一般には「マスゴミ」なんていわれることもあります。しかし記者の中にはこのように悩み苦しみながら報道に携わっている人も大勢いるのです。だが、そんなことは、取材を受ける側にとっては関係のないこと。彼らが記者の取材に対して怒りを覚えるのはもっともなことなのです。

信頼を得なければ価値ある情報は集まらない

書籍の取材は、こうした新聞やテレビのそれとは形態が異なります。

新聞やテレビはデイリーやウイークリーの仕事ですから、小さな情報を次々と手に入れて半日ごとに新しいネタを掲載していかなければなりません。視聴者や読者のその出来事に対する「熱」が冷めないうちに、なんとかして特ダネをつかんで視聴率や購買率を上げなければならないのです。いわば、火があるうちにどんどん薪でも灯油でも投入して炎を大きくするようなイメージです。

一方で書籍の場合は事件が起きてから数年後に出版されるのが普通ですので、他社と一分一秒を争うということは基本的にはありません。取材対象者に時間をかけて取材意図を説明して承諾を取り、お互いの信頼関係を築いた上で、何日も何週間も何カ月もかけてゆっくりと話を聞いていくのです。本に掲載する情報量はかなり多いので、そういう取材でなければ読者が求めているものを書き上げることができないのです。

もちろん、最初の段階で取材対象者から「本にしないでほしい」と断られることもあります。そんな時は無理にやっても本にする価値があるだけの情報が集まるわけがないので、あきらめて撤退することがほとんどです。相手からの十分な協力を得て、時間をかけてじっくりと取材を進めていくというのが書籍のやり方なのです。

こうした信頼関係の中で行なわれる取材は、むしろ取材対象者から喜ばれるケースも少なくありません。殺人事件ならば、被害者の家族が「テレビや新聞はもう報道しないけど、娘の無念を晴らすためにもしっかりと記録してもらいたい」と言って取材に全面的に協力してくれることがあるのです。

東日本大震災の取材でもそれに近いことがありましたね。被災者やご遺族の方から連絡があって、自分を取材してほしいと言われたことが多々ありました。次の文章は、津波の被害者から直接私のところに届いたメールです。

「わたしは、家族三人を津波で失いました。親戚も何人か失っています。石井さんが、震災を取材してくれていることをネットで知りました。兄と叔父には話して承諾も得ていますので、うちのことを取材してくれませんか？　活字であっても、家族や親戚のことがどっかに残ってほしいです。そうしたら、家族や親戚が死んだことも少しは意味があることになると思います」

私は本という媒体は、取材対象者とこうした信頼関係をどこまで結べるかがとても大きいと思っています。良い意味でも悪い意味でも、マスメディアと本は媒体として性質が異なるので、本には本にしかできない最善の方法でやっていかなければならないのです。

たとえば震災の時、マスメディアの記者が災害時に避難所に身を寄せる人々にインタビューをして記事をつくったとしましょう。ならば、作家は書籍の取材において同じことをしていては意味がないので、彼らができないこと、たとえば遺体安置所に通いつづけて遺族の悲しみを背負いながら話を聞いていかなければなりません。

海外取材も同様です。マスメディアの記者が国連や政府の記者会見に参加して記事をつくったとします。新聞では毎日のように見かける記事ですよね。でも、作家はそんな会見には参加できませんし、会見で得た情報を本にしても売れる可能性はほとんどゼロです。なので、作家はスラムや路上に泊まり込み、物乞いをする障害者と暮らして話を聞かなければならないのです。

こう考えると、マスメディアの記者には「抜く」「抜かれる」の苦悩があるのと同様に、本を書く作家には作家としての困難があるのです。どちらがどっちということではなく、両者は似ていて違うものですし、記者にしろ作家にしろ、優れた書き手はそのことをきちんと理解した上で、自分が何をすべきかを考えて、取材をしています。ポジショニングがしっかりしているのです。

当然、このような取材を進めるにおいて、書き手は取材を受ける側のことを考えなければなりません。書かれる側にとっては、書かれるということは非常に大きな意味をもちます。嫌がられることも少なからずある。ただ、仮に取材を受ける側がそれを快く思わなかったとしても、つたえなければならない事実はあります。

典型例として思いつくものに、原爆があります。被爆した生き残りの中には、「原爆という言葉を聞くのも嫌だ」とか「被爆当時のことなんて思い出したくもない」と語る人は大勢いるはずですし、今なおテレビの原爆映像さえ見られないというお年寄りも少なくないはずです。しかし、だからといって原爆が広島と長崎に落とされたという事実を記録しない方がいいかと問われれば、そうではありません。後世につたえるためにも、きちんとした形で事実は事実として記録しなければならない。

では、どういう媒体で、どういう方法で、どういう仕方で説明をしていくか。

これはもう現場にいる記者と証言者の関係性でしかないのです。部外者の知らないところで、記者と関係者がしっかりと信頼関係を築いている場合もあれば、記者が「関係者には申し訳ないけど、これは歴史的にも絶対に記録しなければならないこと」と判断してインタビューを行なったり、書き残したりしていることもあります。

問題は、後々トラブルになるかどうかという点でしょう。最初は何かしらの確執があったとしても、両者が関係性をしっかり持って記録を記録として認めれば何の問題もありません。しかし、どんなにスムーズに取材がいったとしても、後で何かしらのトラブルに発展してしまえば、それはやはり間違っていたということになってしまいます。結局は、最終的に両者が納得できる形にまとめられるかどうかが重要なのです。

一人で取材するって、大変じゃないですか

先ほど、作家はマスメディアとは取材の方法が異なるという話をしました。大方の取材はそうですが、一部ではマスメディアと競わなければならない時もあります。大事故や大災害が起きた時、作家もまたマスメディアの記者にまじって現場に駆けつけて週刊誌や月刊誌で記事を書かなければならないからです。

スピードと人数という点では、作家はマスメディアになかなか太刀打ちできません。従って競い合って取材をする際、マスメディアの報道とどう一線を画すかということを第一に考えなくてはなりません。同じテーマや同じ方法でやっても費用や人数の面で勝つことはできませんし、読者も雑誌の長い記事に同じ情報を求めてはいません。読者が求めているのは、マスメディアが決してやらないことなのです。作家は瞬時に「マスメディアはこうやってくるから、自分はこれをやろう」と考えることが大切です。

『ノンフィクション新世紀』から具体例をだしてみたいと思います。

吉岡忍《よしおかしのぶ》さんというノンフィクション作家は、一九八五年に起きた日本航空123便墜落事故を取材しました。マスメディア各社が事故現場に押しかけて、取材攻勢をかけていました。当然、日本航空は記者会見以外の取材をほぼすべて断っていました。あまりに取材攻勢がすさまじく、一々対応できなかったのです。作家のような個人がそこに入り込む余地はほとんどありませんでした。

そんな中、吉岡さんが取材に行ったのは、日本航空の東京にある本社でした。マスメディアは事故に目がくらんで現場へ殺到したため、東京の本社の方には誰も来なかった。そこで吉岡さんは本社に通いつめ、そこにいた社員から事故が起きた全容を事細かに聞き取ったのです。

私がお話をうかがった際、吉岡さんは「太陽の黒点を見つけるのが我々の取材だ」というようなことをおっしゃっていましたが、まさに墜落事故という太陽の中から、JAL本社への直接取材という「黒点」を狙った取材によって作品を完成させたのです。これが名作『墜落の夏』ができるきっかけだったそうです。

あるいは、それから十年が経って起きた地下鉄サリン事件。この事件でも、マスメディアはオウム真理教の拠点に殺到しました。各社の記者は拠点を取り巻くようにカメラマンを配置して、建物の外観を撮ったり、出入りする信者に群がってマイクを向けて質問をしたりしていました。

そんな報道陣の中で、一人だけ異なる取材をしていたドキュメンタリー作家がいました。森達也《もりたつや》さんです。他の記者が「外」からオウム真理教を報道していたのに対し、森さんは教団に手紙を出して内部を取材させてほしいと頼みました。

森さんの依頼は認められ、カメラを持って施設の中に入り込むことができました。そこで彼は信者が何を食べて、どんな思いを抱いているのか、あるいは警察やマスコミが正義という名の下にどんな取材や捜査をしているのかといったことを撮影していったのです。マスメディアの記者たちが外から報道していたのに対し、森さんは内部から世の中を照らしていったのです。そうやってドキュメンタリー映画の傑作『A』ができ上がることになりました。

ここからわかるのは、作家は意識してマスメディアと一線を画す必要があるということです。大切なことなので何度でも書きますが、作家はマスメディアと同じことをしてはいけません。同じ事故や事件を追ったとしても、彼らとはまったく違う目線で現実を見つめて切り取っていかなければならないのです。

彼らが集まっているのとはまったく別のところへ行ってみる、彼らが報じている光景を真逆から報じてみる。

そうすることで、マスメディアとはまったく違う目線と方法で現実を描くことができるようになるのです。

相手は人間だから決まった方法はない

こういう話をすると、次のように質問をしてくる方がいます。

「違いをつくることの大切さはわかりました。でも、そういう人たちと信頼関係を築いていくことが一番難しいと思います。ＪＡＬの本社へ行ったからといって話してくれるとは限らないし、オウム真理教に手紙を出してもすぐに受け入れてくれるわけではないと思います。彼らと信頼関係を築くにはどうしているのですか」

ごもっともな質問です。この方法論がわかれば、非常に物事が楽に進むに違いありません。

しかし、私は次のように答えます。

「信頼を築くための方法論など一つもない」

取材対象者は人間です。人間である以上、百人いれば百通りの考え方があり、またその時々によって心情もまったく違います。人の信頼を得るには、その状況に応じてやるべきことをやっていかなくてはなりません。通り一辺倒の「方法論」に頼ったら、相手に失礼なだけですし、信頼は絶対に得られません。

私自身の経験を思い返しても、取材対象者が心を開いてくれたきっかけは一つひとつ違います。たとえば『遺体』という本の取材の際は、釜石市の遺体安置所の管理人をしていた千《ち》葉《ば》さんという七十歳の男性と信頼関係を築きました。最初千葉さんは忙しかったこともあり、長いインタビューに応じる時間はありませんでした。私は寒い遺体安置所で何時間も待った末に、五分だけという約束で彼に話を聞かせてもらうことになりました。

外は寒かったので、私たちは車の中で話しました。外は雪が降っていました。彼は淡々と話をしていたのですが、ある子供の犠牲者の話になった時、突然涙を流してこう言いだしました。

「仏さま（遺体）の尊厳を守るには僕たちが声をかけつづけてあげなければならないんだよ」

彼はそれから一時間以上も同じことをつぶやきつづけていたのですが、私は「自分のためにもそれを言いたいのだろう」と思ってずっとうなずいて聞いていました。

千葉さんは、私に感情をこぼしたことで楽になったのでしょう。「黙って聞いてくれてありがとう」と言ってくれ、翌日もその翌日も遺体安置所で会って話をするようになりました。

私に話をすることで心の安定を図っていたのかもしれません。そうやって関係を築き上げて作品をつくっていったのです。

同じ『遺体』の取材でも、歯科医の鈴木《すずき》勝《まさる》先生に話を聞いた時は違いました。勝先生に会ったのは、同じ町で開業する福成《ふくなり》先生という別の歯科医からの紹介がきっかけでした。震災の影響で町ではお店がほとんど開いていなかったので、勝先生の自宅にあがらせてもらって話を聞くことになりました。最初は私の質問に勝先生が答えるという淡々としたインタビューでしたが、私がふと発した言葉が変化を起こします。次の言葉です。

「東京では震災直後に津波が襲いかかってくる光景をすべて自衛隊などのライブ映像で見ることができたんです」

その瞬間、勝先生の顔つきが明らかに変わりました。被災地では震災の直後、停電になってテレビを見ることができなかったので、津波が迫ってきていることがわからぬまま大勢の人たちが犠牲になりました。勝先生の親友もその一人でした。それなのに被災していない東京で津波が迫ってくる映像が見られたなんて……。

彼は立ち上がってこう言いました。

「もし東京で流れていた映像をこの町でも見ることができたら、住民は津波が来ていることを知ってもっと早く避難することができたし、こんなに大勢が死ぬこともなかったはずだ」

そして勝先生は悔しさから、それまで胸の奥に秘めていた感情を次々と語ってくれました。それがきっかけで、それ以来何度も自宅にお邪魔させてもらったり、近くの居酒屋で深夜まで食事をしたりするようになったのです。

ここからわかるのは、相手との信頼関係を築くのに、方法論なんてないということです。とにかく人に会って話をしてみる。そのことだけを何度も何度も誠実にくり返してみる。そうすると知らず知らずのうちに何かがきっかけになって、信頼関係が芽生えてくるようになるのです。そこには、「こういうことを約束すればいい」とか「このタイミングで送りものをすればいい」といった方法論は存在しない。あるのは取材者が誠意をつみ重ねていくことだけなのです。

苦労してまで描きたいものはどうすれば見つかりますか

マスメディアの人間は組織に属しています。上司から「ここを取材して来い」という指示を受けたり、これぐらいの事件だとニュースにしなければならないという基準があったりします。個人の興味というより、組織としての基準の中でテーマを選んで、決まった方法で現実を形にしてつたえているのです。

一方、私のようなフリーの書き手は、基本的に誰かからテーマをもらったり、何かしらの基準があったりして義務的にテーマを選んで取材をしているわけではありません。自分自身が「このテーマは自分がやりたい！」と思うからこそ、現場に向かい、取材をし、原稿を書くのです。つまり、すべては自分で選ぶものなのです。そこがマスメディアに属する会社員の記者と、フリーで物を書く人の違いでしょう。

作家がテーマを選ぶ場合、大きく二つのタイプに分かれます。一つ目が、政治や同和問題など確固たる専門分野を持って、長年その分野の本を書きつづけている人ですね。こういう書き手はほとんど時流に関係なく長年追ってきた分野があるので、ある時はそれを縦から切り取ったり、別の時は横から切り取ったりしていろんな方面から作品をつくっていきます。政治を専門分野としている作家であれば、一作目は竹下登《たけしたのぼる》と田中角栄《たなかかくえい》について、二作目は小《お》沢一郎《ざわいちろう》について、三作目は民主党の崩壊について、などといったように得意分野を軸に本を書いていくのです。

二つ目が、事件や科学や旅行記など分野に関係なく様々なものを題材にして本を書いている人です。こういう作家の場合は、得意分野の代わりに、得意なテーマを持っていることがほとんどです。たとえば、立花《たちばな》隆《たかし》さんは「人間の限界」といったようなことをテーマにして脳死、宇宙、臨死体験といった本を書いてきましたし、佐野《さの》眞一《しんいち》さんは「昭和」をテーマにして軍人や学者や社長についての本を書いてきました。

私自身も、二つ目のタイプの書き手ですね。旅行記から災害ものまで様々な分野で執筆を行なっていますが、テーマは何かと問われれば確固たるものがあります。それは、想像を超える「人間の美しさ、いとおしさ、尊さ」です。

たとえば処女作『物乞う仏陀』では、私が会った障害者や物乞いたちのあふれるような生命力に対して美しさを感じました。路上で酒を飲み、女の話をして、ゲラゲラと大きな声で笑って生きているカンボジアの障害者、不発弾だらけの村で自らもそれによって障害を負いながらも友人たちと生きていこうとするラオスの老人。そうした生命力に「美しさ、いとおしさ、尊さ」を感じたのです。

あるいは『遺体』であれば、震災後に設置された遺体安置所で働いていた管理人・千葉さんが、必死に遺体や遺族に話しかける姿に感銘を受けました。長らく放置されていた遺体があれば、「早くお父さん、お母さんが迎えに来てくれるといいね」と語りかけ、火葬が決まったら「これでようやく天国へ行けるね」と語りかける。そうすることで遺体の尊厳を守ろうとしている姿がとても温かく見え、その声がどれだけ大切なものかを描きたいと思ったのです。

私は何かを批判したり、暴いたりすることには一切興味がありません。現実を調べていく中で、「人間の美しさ、いとおしさ、尊さ」に巡り合い、書かずにはいられないという衝動を得て、それを文章に表したいのです。それが、私自身が現実の中で見つけたいことであり、つたえたいことであり、残したいことなのです。私はそういうことを死ぬまでに一つでも多くできればと思ってこの仕事をつづけています。

今のメディアの役割ってなんですか

社会におけるメディアの役割は、時代とともに変わってきています。テレビが一般に広まり出して間もない頃、日本にはメディアが生み出したヒーローともいうべき人たちが華々しく現れました。プロレスの力道山《りきどうさん》、大相撲の大鵬《たいほう》、野球の長嶋茂雄《ながしましげお》などがそれです。当時の日本人はメディアを通じて彼らの活躍に一喜一憂し、翌日学校や会社へ行けばみんながその話題をしているほどでした。今でいえば毎日ワールドカップやオリンピックがあるようなものです。ヒーローたちは、戦後日本という時代を体現した人たちでした。

ヒーローたちの人気は、テレビをはじめとしたメディアに支えられてきました。テレビは出たばかりで今ほどチャンネル数も多くはありませんでしたし、衛星放送もインターネットも家庭用ゲーム機もなかったので、学校や会社から帰ってきたら、日本人みんながテレビに齧《かじ》りついていました。逆にいえば、メディアの数が少なく、珍しかったからこそ、そこに人間が集中したのです。

視聴率が三十パーセントを超えることなんて今となっては信じられませんが、当時は決して珍しいことではありませんでした。たとえば、一九六三年の力道山VSザ・デストロイヤーのプロレス中継の平均視聴率は六十四%を記録していますからね。まさにお祭り状態だったといえるでしょう。

しかし、時代の経過とともにメディアの数が増えてくると、ヒーローの人気も減退していきます。力道山、大鵬、長嶋茂雄が消え、次の時代のヒーロー、たとえばプロレスのアントニオ猪木《いのき》、相撲界の千代《ちよ》の富士《ふじ》、野球界の清原和博《きよはらかずひろ》が登場しますが、戦後のヒーローほどの人気を巻き起こすことはできませんでした。

この頃になるとメディアはスポーツ放送ばかりでなく、お笑い番組、歌謡番組にも力を入れるようになっていましたし、テレビのほかにもファミコンや漫画雑誌など新しい娯楽が次々と出てきました。そのため、一人のスポーツ選手にだけ日本国民の人気が集中するということがなくなったのです。つまり、メディアや娯楽が分散しはじめたのです。

メディアが増えれば興味の幅も広がる

時代がさらに進んだ現在、こうしたことはより顕著になってきています。テレビ番組は数えられないほどある上に、DVDやインターネットで過去のテレビ番組を見ることもできるようになりましたし、スマートフォンでゲームを楽しんだり、SNSで自宅にいて友人とのコミュニケーションを楽しんだりできるようになりました。わずか二、三十年前とは比べものにならないぐらいメディアの数が増えたのです。

これにともなって、スポーツ選手一人に集まる人気もさらに落ちていきます。千代の富士や貴乃花《たかのはな》に比べれば、ダルビッシュ有《ゆう》や本田圭佑《ほんだけいすけ》といった選手は熱狂的な人気を生み出すことがないというのが現実でしょう。それは彼らが旧世代のヒーローより劣っているということではなく、メディアの増加とともに関心もバラバラになっていったためです。

では、具体的にどれぐらい一つのコンテンツの人気は落ちているのでしょうか。次の数字は、巨人戦の年間平均視聴率です。五年ごとに分けてみると、明らかに減ってきているのがわかります。

■巨人戦のテレビ中継の年間平均視聴率

85年	22・5%
90年	20・6%
95年	19・8%
00年	18・5%
05年	10・2%
10年	8・4%

これは新聞や雑誌でも同じです。かつては田中角栄の不正を暴けば新聞や雑誌は売れまし

たし、ある事件を他紙に先駆けてすっぱ抜けば部数は上がりました。しかし、今はほとんどそんなことはありません。総理大臣の不正を暴いても、事件を他社より半日先に報じても、売り上げが飛躍的に上がるほどの話題にならないのです。それは人々の関心が拡散しているので、一つのことに注目が集まることが減ってきているからです。

このため、メディアに属する人たちは次のように嘆きます。

「どんなことをしても部数減少に歯止めがかからない」

たしかにその通りだと思います。しかし、だからといってメディアが衰退していると考えるのは違うと思います。私はこう考えるべきだと思います。

「社会の中で、一つのメディアが担う役割が変わってきている。ならば、メディアは旧来と同じことをするのではなく、時代にあった役割に自らを変えていかなければならないのではないか」

では、社会の中でメディアが担う役割とはどう変わってきているのでしょう。

興味の細分化に対応する

私がノンフィクションの世界にいて肌身に感じるのは、先ほども少し書いたテーマの変化です。これまでは各分野にわかりやすい権力者やヒーローがいました。政治でいえば田中角栄や竹下登といった人物がそれにあたります。他にも読売新聞の渡邉恒雄《わたなべつねお》、ダイエーの中内《なかうち》功《いさお》、歌手の美空《みそら》ひばり、暴力団の田岡一雄《たおかかずお》などです。スポーツに力道山のようなヒーローがいたのと同じように、それぞれの業界にも天皇のような人間が君臨していたのです。

一人の人物が権力や人気を集めているということは、こうした人を描けばそれだけ注目度が高まるということです。雑誌や本で彼らを取り上げ、悪行などを暴くことができれば、読者は一斉に関心を示し、売れました。実際、昭和の権力者の中には、時代性もあって悪いことをしていた人も少なからずいたので、今と比べると善悪の構造のわかりやすさもあったでしょう。

ところが、数十年前に比べると、現在はこういうわかりやすい権力者の数がかなり少なくなってきています。自民党や民主党の総理経験者の評伝を書いたとしてもそれほど売れないでしょうし、孫正義《そんまさよし》はともかくＩＴ企業の社長の評伝を書いても、別の人物ではなかなか注目を集めるのは難しい現実がある。

実は、事件についても似たようなことがいえるのです。昭和の時代ぐらいまでは、連合赤軍の事件など時代を象徴する事件がたくさんありましたし、水俣病《みなまたびょう》や四日《よっか》市喘息《いちぜんそく》のような多くの人が被害を受ける公害事件も起きていました。それを描きさえすれば、必然と時代を写し取ることになるし、多くの人間が関心を抱くというテーマがあったのです。

一方、現在は事件といえば、異常者が引き起こす突発的な事件が多く時代に深く関係した社会性を帯びている事件があまりありません。公害についても、あまりに悪質なことが起こることも少なくなっています。だからこそ、現代の事件をノンフィクションとして描いたとしても、読者がなかなかそこに関心を持たないし、持つ必要もないと判断されてしまうのです。

このため、ノンフィクションの分野では大きな事件を追って「大当たり」を狙うというより、小さなテーマでもいいからきっちりと描くことでそこそこの読者を獲得していくという方向に進みつつあります。政治問題を書いて二十万部、三十万部を狙うというより、自分の旅行記や闘病記をきちんと描くことで一万部、二万部を売っていこうという雰囲気が出来上がっているように思うのです。実際に近年新人が書いた作品で売れたものの多くはそうした個人的な体験に基づいた本であることが多くなっています。それは読者の興味の細分化という時代の特性と無縁ではないでしょう。

本だけでなく、雑誌の世界にも変化は押し寄せてきています。週刊誌や月刊誌は数十万人の人間が毎週、毎月買って読んでくれていて初めて成り立つものです。しかし、読者の関心が細分化している上に、インターネットで様々な情報を無料で得られるようになった今、雑誌の存在価値が薄れてきています。それと同じような情報は検索すればいくらでも出てきます。そのため、雑誌の発行部数は軒並み落ちており、毎年多くの雑誌が休刊・廃刊に追い込まれています。

一方で、数千人を読者として想定したミニコミ誌、フリーペーパー、専門誌が注目されつつあります。こうした雑誌は数人でつくることができるので多額の制作費がかかるわけではありません。それに専門性を武器にすれば、細分化した読者のニーズにも合致するので、爆発的に売れることはなくても、ある程度安定して発行していくことができるのです。つまり、時代に適合するように上手に細分化していくことができれば、膨大な利益を出すことはできませんが、まだまだメディアとしての役割を保つことができるのです。

一人が多くのメディアを使う

もう一つ、今の時代に求められているのは、自分たちが持っているコンテンツをどこまで横に広げていくことができるかということです。

新聞や雑誌といった何十万人、何百万人という購読者で成り立つビジネスは大きな危機あるいは転換期を迎えています。興味が拡散しているので、新聞や雑誌の一部の記事に関心を抱く人は大勢いるのですが、全体に対して興味がわくことが少なくなっているからです。そうなれば、新聞や雑誌そのものを買う機会が減ってきてしまいます。

これらのメディアは新聞や雑誌という形にこだわるのではなく、自分たちが持っている記事をバラバラにしてより安い値段で売ることもしていかなければなりません。千円の月刊誌ならば、一つの記事を五十円とか百円とかにして電子書籍として売ってみたり、有料で配信してみたりする。そうすれば、その記事にしか関心を持たない人はそれを購入してくれるはずです。

似たようなビジネスでは、記事の配信は無料にして広告で稼ぐという方法もありますね。雑誌や新聞記事の一部をインターネットで無料で配信し、記事とリンクさせたサイトやポータルサイトの広告にアクセスしてもらうことで、広告料を企業からもらうという形です。一つひとつの記事からの売り上げは少なくても、すべての記事が出す利益をまとめればある程度の額になります。

さらに記事のばら売りだけでなく、メディアは自分たちが抱えている人材をつかって別の事業をはじめることもできます。優秀な新聞記者や親しくしている作家を講師として、講演やセミナーを行なったりするのです。記事のようなコンテンツだけでなく、技術を収益へ変えていくのです。

このようにメディアはこれまでのように新聞や雑誌だけを売っていくという形から、コンテンツをばら売りしたり、ノウハウを伝えるビジネスをはじめたりと、事業を横へ広げていくことで、全体としての売り上げを維持する方向へと進んでいます。それは人の関心が細分化し、メディアが増えた時代だからこその、生き残り方といえるでしょう（ただこれらのビジネスモデルは確立したとまでいえず、まだまだ改善の余地が大いにあります）。

同じことは、私のような作り手にも当てはまります。現在は、かつてのようにノンフィクションの単行本だったらノンフィクションの単行本だけで膨大な売り上げを出すことは難しくなっています。他にも様々な情報源があるので、そこまでノンフィクションの単行本を買って読もうという人がいないのです。ならば、ノンフィクションの単行本という一つの分野に固執するのではなく、もう少し活動を横に広げてみてはどうでしょうか。

通常、ノンフィクション作家は、総合誌と呼ばれるようなノンフィクション系の雑誌で記事を書いて本にすることが多いです。しかし、それにこだわるのではなく、文芸誌や漫画雑誌やファッション誌でノンフィクションをやってみてもいいと思うのです。実際に優れた書き手はそのように媒体の垣根を問わずに作品を発表しています。

あるいは、ノンフィクションという分野にだけこだわる必要はないとも思っています。取材した事実をもとにして絵本を出してみたり、写真集をつくってみたり、映像製作に取り組んでみたりすればいい。もちろん、ノンフィクションという専門分野をきちんと持っておくことは重要です。ただ、その上で、自分の活動をいろんなふうに横に広げていってはどうかと思うのです。そうすることによって、総合的に様々な活動をすることができるようになります。

出版だけでなく、映像や演劇の世界なんてかなり前からそうなっていますよね。かつて映画監督といえば、年に一本映画をつくってドーンと稼ぐというイメージでした。しかし、今はテレビを撮ったり、ミュージックビデオを撮ったり、本を書いたりしながら、数年に一度大作ではなくとも、自分がつくりたいと思っている映画をしっかりつくるという形が一般化しています。

演劇人とてそう。彼らは演劇だけではなかなか食べていくことができません。そのため、劇作家でも演出をしたり、テレビドラマをつくったり、時には小説を書いたりします。そうすることで個人として広く認めてもらい、その知名度を元にして専門である演劇にお客さんを呼び込むのです。

昔と比べれば、メディアをめぐる状況は大きく変わってきているでしょう。しかし、それは衰退ではありません。**時代が変わったので、昔からつづいてきたシステムを更新しなければならない時期に来ているだけなのです。**

そう考えてみれば、私たちは衰退を嘆く前に、どんどん時代に即して自分たちを変えていかなければならないのではないでしょうか。

一つのコンテンツが影響力を持つのは難しいのですか

そんなことはありません。たしかに爆発的に注目を集めるコンテンツは減ってきてはいます。しかし、まだ一年に何本かはベストセラーと呼ばれる作品が出てきたり、大きな事件が日本中の関心を集めたりします。しっかりとしたコンテンツをつくりさえすれば、メディアは人々の関心をひきつける力を保っているのです。

とはいえ、メディアに対する関心の低下を憂える人が大勢いるのも事実です。しかし、こう考えてみてはどうでしょうか。国内でメディアの影響力が弱まっているのであれば、海外も含めてメディアとしての力を持てばいいのではないか。

たとえば長嶋茂雄さんは多くの日本人に支持されていましたが、せいぜい日本という国の中だけのことです。大鵬だってそうでしょう。

しかし、イチローやダルビッシュはどうでしょう？　日本における影響力は長嶋茂雄ほどないにしても、アメリカではよく知られています。世界規模で考えた同時代における認知度という意味ではイチローやダルビッシュの方が上かもしれません。

かつては日本という枠組みの中で、どれだけ日本の時代性とマッチするかがヒーローを生み出す条件になっていました。しかし、今は広い世界でどれだけ認知されるかというのがヒーローの条件になりつつあります。ヒーローの条件が、**狭いところで深くどれだけ影響を及ぼすかということから、広いところにどれだけ浸透するかということに変わってきているのです。**

スポーツばかりでなく、文化だってそうですよね。ファッションの世界でも、音楽の世界でも、映画の世界でも、日本でどれだけ売れたかというより、世界にどれだけ浸透したかというのが優良コンテンツである証となります。韓国の歌手やドラマがまさにそうですが、世界規模でどれだけ注目を集められるかが勝負になってきているのです。

これはビジネスにおいてはさらに顕著です。日本だけを市場としていては企業の生き残りは非常に厳しくなってきている。生産拠点はもちろん、商品それ自体が海外で売れなければならないのです。

ソニーやパナソニックといった会社の業績が悪化しているのはグローバルな競争で勝てなくなっているのが一つの要因であることは間違いありませんし、ユニクロや楽天といった企業がこぞって海外進出を目論むのは逆にそうした意図があってのことです。国内にだけ目を向けている限り、ある程度以上大きな規模に発展することはできないのです。

より大きな「マス」を目指す

私はメディアも「マス」を目指すのならば、同じ方向へ進んでいくしかないと思っています。先述したように細分化した価値観に合わせて自らも細分化したメディアとして存続する形は増えていくでしょう。

しかし、だからといって「マス」がなくなるわけではない。でも、「マス」が一つの国や地域では成り立たなくなっている以上、**広い世界に打って出てより大きな「マス」として存在価値を見出していくしかないのです。**

それにはどういう方法があるのか。わかりやすい例としては、アルジャジーラが挙げられます。

一九九六年、中東にあるカタールの首長がアルジャジーラという衛星テレビ局を開設しました。それまで世界の情報を発信する衛星テレビ局といえば、BBCやCNNなど欧米のメディアが大半を占めていました。こうした欧米のメディアは欧米の目線から海外で起きている出来事を切り取り、形にし、発信していました。

中東の人たちはこうした報道に対して違和感を覚えていました。これは欧米の考え方であり、自分たちの世界観とはぜんぜん違う、と。首長はそうした要望に応えるような形でアルジャジーラをつくり、欧米メディアに対抗するような形で、中東の目線で海外の事件などを切り取ってつたえようとしたのです。

アルジャジーラが世界的に注目を浴びたのが、9・11後のアフガニスタン戦争やイラク戦争の時でした。彼らは欧米のメディアが隠している「欧米にとって都合の悪い事実」を積極的に取り上げて発信したり、欧米のメディアにはできない現地の人々とのコネクションから戦場の事細かな現実を映し出したりしました。さらには、アルカーイダのウサマ・ビンラディンの肉声の入った映像を独占入手して、世界に流すことに成功したのです。

アルジャジーラの情報は、それまで欧米の側からしか報道されてこなかったメディア情報に一石を投じることになりました。そして、アルジャジーラの情報をつかって初めて世界の現実を多角的に見られるようになったのです。それゆえ、NHKを初めとした日本のメディアはアルジャジーラに多額のお金を払って情報を提供してもらい、それをニュースの中に取り入れました。

ここからわかるのは、メディアの情報とて既存のそれと一線を画すものであれば、容易にグローバル展開ができるということです。アルジャジーラが中東という大きな枠組みの中で独自の情報で欧米メディアに挑んだのと同じように、日本のメディアもアジアという枠組みの中で独自の視点で打って出ることができれば、情報をグローバルに広げていくことができるのです。

もちろん、世界の中で独自の視点を持ってニュースをつくっていくことは容易《たやす》くはありません。もしかしたら会社の体制ごと変えなければならないかもしれません。でも、日本のテレビドラマ「おしん」が世界的にヒットしたり、逆に韓流ドラマやクイズミリオネラのような番組が日本で人気を博すのは珍しいことではないのです。自分たちにしかできないことをつきつめていけば、自ずと独自性は生まれるはずであり、それは世界の市場でも必要とされるものになるはずなのです。

私は野球選手やサッカー選手がどんどん世界に出ていっているように、メディアの人間もどんどん世界に進出することを目指すべきだと思っています。もしそうしたメディア関係者が増えていけば、日本のメディアはこれまでとはまったく違うステージに進むことができるはずです。

ただ、それをやるべくは、年をとったベテランではありません。これまでこの本を読んできた方ならわかると思いますが、若い人がその人にしかできない方法で新しいことをやってこそ成功するものなのです。

むろん、それにはものすごいエネルギーと努力が必要になってくるでしょう。しかし、いつの世でも若い人はそうやってきたのです。

第四章

世界のためにできること

有意義な募金ってあるのですか

国際支援の活動領域として一般的に知られているのは、「食糧問題」「感染症問題」「難民問題」などではないでしょうか。国連やＮＧＯなどはそれぞれ独自の機関や事業を抱えて対策に乗り出しており、一般に対する支援の募集も行なわれています。

たとえば、国連はＷＦＰ（国連世界食糧計画）やＵＮＨＣＲ（国連難民高等弁務官事務所）といった機関を設けていますし、ＮＧＯの中にも「国境なき医師団」や「ＡＭＤＡ（アジア医師連絡協議会）」などその名の通り専門性をもった団体があります。それぞれ専門に特化することで、有効な活動ができるようにしています。

中でも知名度が高いのが、ユニセフ（ＵＮＩＣＥＦ）でしょう。ユニセフとは日本語では「国際連合児童基金」と訳され、ニューヨークに本部が設けられています。第二次世界大戦終結の翌年一九四六年十二月十一日に設置され、戦争によって被害を受けた子供たちを救済する機関として出発しました。敗戦国である日本に暮らす子供たちも対象とされ、医療や食糧の面で多くの支援を受けたこともあります。

ユニセフの活動は、少しずつ拡大していきます。まず第二次世界大戦の被害者だけでなく、世界各地で起こった独立戦争や民族紛争の犠牲になった子供たちの支援を行なうようになり、やがて貧困地域における保健問題から教育問題までを手がけるようになります。近年では、HIVの予防、きれいな飲料水をつくること、学校教育の促進、飢餓の時の緊急援助、ストリートチルドレンの救済など多種多様な展開をしています。国連の予算、あるいは一般の人々からの募金等によって得たお金で、こうした幅広い活動を行なっているのです。

一般的に日本で行なわれている支援の多くは、ユニセフをはじめとした国連やNGOといった機関を介して行なわれています。具体的には、私たちがそれらの機関に寄付をし、専門家たちが私たちの代わりに支援を行なうのです。

募金はどう使われているのか

ここでよく募金をする側の人たちが懸念するのが、「自分の募金が本当に現地で役に立っているのか」ということでしょう。実際に自分の大切なお金を人に託しているのですから、そう心配するのはもっともです。ここで浮かぶ可能性は次の二つだと思います。

①募金したぶんのいくらが現地の人に回っているのだろうか。
②現地の人に届いたお金は正しく使われているのだろうか。

①は非常に難しい問題ですね。そもそも国連にしてもNGOにしても、事務所や職員を抱えた組織です。運営していくにはそれなりの人件費や経費がかかります。しかし、寄付をする側の人たちは「現地の人のため」と思ってお金を払っていますから、百パーセントに近い形で現地の人のためにつかわれることを望みます。そうなると、自分が千円払っても、実際の支援事業には三割しかあてられず、七割が人件費や諸経費につかわれると「だまされた」と考える人もでてくる。

これをどう解釈するかはそれぞれですが、気になる場合は、それぞれの団体が出している収支を調べるしかありません。大体どこも年に一回は収支を支援者に示しています。いくらが人件費になり、いくらが支援につかわれたのかというのを発表しているのです。それをしっかりと調べた上で、満足できる機関に寄付するのが一番です。

正しく使われるとは限らない

次に、②に関して。日本にある大半の団体はきちんとした志を持って活動をしています。しかし、その活動が現地の人々のためにどこまで意義のあるようにつかわれているかは別の問題です。たとえば、マラリアを媒介する蚊《か》を防ぐための蚊帳《かや》を送ったとしても、現地で受け取った人が面倒臭がってつかわなかったり、転売したりすれば意味がありません。こちらの善意が現地で形にならないこともあるのです。

これはしっかりと認識しておいていただきたいのですが、**私たちの善意や常識がかならずしも現地で通じるとは限りません。**もちろん、NGOは現地の事情に通じたスタッフを抱えて最善の策を模索しています。しかし、それは十人いれば八人、九人に対して有効な方法であり、大抵一人か二人は漏れてしまうものなのです。つまり、万全に思える対策でも、かならずうまくいかない事例はいくつかでてくるものなのです。それが「政策」の限界でもあるのです。

では募金者は何を目安にするべきなのか。それは団体の能力を自分で見極め、自分が満足できるところに寄付するしかありません。

十人中八人しか救えないけどK団体に賛同するから寄付をしよう、とか、ほとんど需要はないけど細かなケアをするL団体の活動も大切だと思うから寄付をしよう、といったように自分なりに良いと思ったことに支援をするべきなのです。十人が十人救われる方法論などないという前提で、みなさん個々が自分の責任で満足できる団体を見つけ出し、寄付したお金が自分が望む形でつかわれているかどうかを見守っていくことが大切なのです。

なぜ全員に当てはまる支援がないのですか

支援は、世界における「正論」に基づいています。たとえば、あるＮＧＯは、自分たちがしている支援活動を次のように列挙しています。

・児童労働対策
・ストリートチルドレン対策
・感染症対策

どれもすばらしい活動ですし、なくてはならないものであることは間違いありません。しかし、時と場合によっては、「児童労働はいけない」「売春はいけない」という正論が、正論として通用しなくなることもあるのです。

なぜそういうことが起こるのかは現地へ行って、そこで暮らす人々の生の声に耳を傾けることでしか見えてきません。

私が現地で聞いてきた三つの声をご紹介しましょう。いずれも、国連機関やNGOなどが入っている地域でありながら、そこで暮らす人々に起きている問題です。

■児童労働の全面禁止

タンザニアの田舎にある家族が暮らしていました。両親と子供五人です。この家族は両親の収入だけでは足りないため、五人の子供全員が農場や工場で働くことでなんとか生活を成り立たせていました。

ところが、ある児童労働反対を掲げる福祉団体がやってきて農場や工場に対して児童労働の中止を迫りました。児童労働は違法なので反論はできません。企業は仕方なく雇っていた児童たちを解雇することにしました。一家の五人の子供も仕事を失いました。

困ったのは家族です。両親だけの収入では、到底五人の子供を食べさせて、家を維持することができません。それで両親は「口減らし」として子供を人身売買のブローカーに引き渡す決断をしたのです。

この例からわかるのは、児童労働を全般的に禁じる難しさですね。現在世界には、二億千五百万人の児童労働者がいるとされています。世界の子供の七、八人に一人が児童労働をしていることになるのです。学校に置き換えてみると、一クラスに五人ぐらいの割合です。

児童労働は決して褒められるべきことではありません。けれど、貧しい地域においては、児童労働こそが家族を支えるセーフティーネットとなっている事実もあります。もしいきなりこれを取り除いてしまえば、さらなる貧困の深みにはまるだけなのです。児童労働反対の動きに加わることで、結果として家庭を壊してしまう可能性もあるのです。

では、どうしなければならないのか。子供が売られないように人身売買を撲滅したり、児童労働の代わりとなる収入方法をつくりだしたり、地域の貧富の差をなくしたりと様々な取り組みが必要です。かといって、全部を一度に解決できるわけはない。児童労働者の解放を優先すると、多くの子供を助けることはできても、別の子供たちをさらなる貧困に陥れてしまうことにもなる。こうしたジレンマこそが、貧困問題の難しさと言えるでしょう。

もう一つ、別の例を出します。

■ストリートチルドレンの保護

ケニアの首都ナイロビには大勢のストリートチルドレンが暮らしています。子供たちだけで数人から十数人のグループをつくり、昼間は廃品回収をし、夜はシンナーを吸って暮らしていることがほとんどです。町の中にいくつものグループがあるので、縄張り争いのケンカも頻発します。

市内にはこうしたストリートチルドレンを保護する組織が複数あります。路上で声をかけて、「路上生活を抜け出したい」と言う子供を孤児院につれて帰るのです。

孤児院では同じような境遇の子供たちが集まり、集団生活を送っています。しかし、孤児院にやってきた子供の全員が全員そこで楽しく暮らせるわけではありません。

シンナー中毒になっている子供は禁断症状に耐えられなくなって町へもどっていってしまいます。

学校へ行ったこともなく読み書きの出来ない子供は勉強についていけず怒られるのが嫌になって逃げてしまいます。

路上で長年暮らしていた子はトラウマによってオネショをしたり、毎日悪夢を見てうなされたりします。それが原因となって友達にいじめられて居場所を失い、施設を出てまた路上で暮らすことになります。

こうした施設を運営していても、そこに留まる子と、適応できずに出ていってしまう子がいるのです。そして後者の子は再び路上生活をすることになります。

この事例は、人間がどこまで人間を保護できるのかという難しい問題を孕《はら》んでいます。NGOが募金を元にして孤児院を設立することは重要です。それで大勢の子供が保護されることは間違いありません。ただし、長年路上で暮らしてきた子供たちはトラウマや薬物中毒など様々な問題を抱えており、それが原因となって社会に適応できずに路上に帰っていくこともあるのです。そしてそうした子供たちを社会にもどすには、精神科医など多くの専門家が長い年月をかけて治療を行なっていく必要があるため、NGOの一職員の活動ではどうにもならないケースもあるのです。

最後に売春の例を紹介します。

■エイズ予防のための売春反対

アフリカに、南アフリカ共和国という国があります。世界のＨＩＶ感染者の約六十八パーセントがサハラ以南のアフリカに集中しており、この国にも感染者は少なからずいます。

南アフリカではＨＩＶ感染予防の活動がそこかしこでなされています。海外のＮＧＯが入って性教育やコンドームを配布したり、政府系の病院では無料での検査や治療が実施されたりしているのです。

ＮＧＯがＨＩＶ予防活動で力を入れているのが教育です。性交渉によって感染するため、その段階で感染に気をつければ拡大は防げると考えるのです。そのため、次のようなことを頻繁に訴えかけます。

「売春はＨＩＶ感染につながる危険があります。売春をやめましょう」

不特定多数の人との性交渉を避けることで、ＨＩＶ感染拡大を防ごうとしているのです。

私自身、そうした活動を本当に素晴らしいと思いましたし、必要だと思いました。しかし、ある日、そんな私の考えを引っくり返す出来事がありました。

首都のバーにいた売春婦と話をする機会がありました。私はその売春婦に対して、なぜＨＩＶ感染の危険があるのに、売春をしているのかと尋ねました。すると、彼女はこう答えたのです。

「ＨＩＶに感染したくないから売春婦になったの」

私は意味がわかりませんでした。売春した方がＨＩＶに感染する可能性が高くなるからです。それを言うと、彼女はこう答えました。

「この国の路上やスラムではレイプが横行していて、それによってＨＩＶ感染させられる危険があるわ。だけど、数年間売春をしてお金持ちになって別の国や豊かな地区へ移り住むことができればその危険性がなくなる。だから売春をして稼いでいるの」

地域によってはレイプが日常的に起きており、住民たちは年をとってもそれによるＨＩＶ感染の危険にさらされなければなりません。もしそこから抜け出したいのならば売春によってお金を稼ぐしかない。彼女はそういう考えの下で体を売っていたのです。

ここからわかるのは、私たちが当たり前のように考えている「ＨＩＶを防ぐために売春に反対をする」という正論が地域や人によっては必ずしも通らないということです。治安が悪く犯罪に巻き込まれたり、何十年もレイプの危険にさらされたりする地域にあっては、売春によってお金を稼いで安全なところへ移った方がリスクを減らせる場合もあるのです。

こうして考えてみると、ＮＧＯの事業がかならずしも現地の困っている人すべてを保護できるわけではないことがわかります。もちろん、なければならない事業であることには違いありません。しかし、一つの方法ではかならずこぼれ落ちる人がいるということを念頭に置いた上で、支援とは何か、自分はどう支援に関わっていくべきかということを考えていく必要があるのです。

こぼれ落ちる人に何ができるのですか

国連やNGOが行なう支援では、物事を善悪で区切ったり、これをすれば良くなるという呼びかけをすることが目立ちます。つまり、「児童労働はいけない」「ストリートチルドレンのためにシェルターをつくろう」「HIV感染予防のために売春に反対しよう」という政策を提示するのです。

もちろん、これはこれで間違ってはいません。十人いれば半分以上の人がそれを求めているでしょうし、助かる人も大勢いるはずです。しかし、これまで見てきたように、物事にはかならず例外があります。国連やNGOがする支援はより多くの人に手を差し伸べるのに有効なものではありますが、全員に当てはまるものではない。どこかで誰かがこぼれ落ちてしまう。それが先に見てきたような現地の例なのです。

大切なことなのでくり返しますが、私は国連やNGOの対策が間違っていると言っているわけではありません。政府のような大きな機関の対策はより多くの人に有効ですが、その分いく人かが網の目から落ちてしまうのです。NGOのような中規模の対策はさらに的を絞って支援をしますが、それでも拾い切れない人がいます。結局のところ、絶対的に万能な対策というのはないのです。

もちろん、政府も国連もNGOもこうしたことは重々承知しています。だからこそ、自分たちが行なっている対策を絶えず良い方向、より有効なものに変えていこうとします。あるいは、様々な対策を同時にしていくことで、こぼれ落ちる人の数を減らそうともしています。良くも悪くもそれが支援というものなのです。

みなさんがもし国際支援に携わりたいと考えた時、大きく分けて二つの方法を考えることが必要です。
①既存の対策の中から自分の力が発揮できるものを見つけ、その中でできる限り網の目か

ら人々を漏らさないような努力をつみ上げていく方法。
②既存の対策とはまったく異なる対策を自分自身の力でつくることで、網の目から漏れた人々をすくい上げる方法。

①について具体的にいえば、既存の団体の活動に加わり、その中でベストをつくすということです。たとえば、国連に入って児童労働者を学校へ通わせるにはどうしたらいいかを考えたり、NGOに入ってストリートチルドレンのための孤児院を建てたりするということです。こうしたことは、より多くの人に手を差し伸べるのに有効です。
もちろん、前述したように、各種団体がつくる既存の対策からは多かれ少なかれこぼれ落ちる人々が一定数います。実際に団体で働いている方々の話を聞くと、それが一番のジレンマだと口をそろえて言います。けれど、既存の枠組みで支援をするとは、そうしたことを前提として働くということでもあり、私はその中でベストをつくして改善していくのも一つではないかと考えています。

たとえば孤児院での待遇を改善することで、これまで十人中七人しか卒業できなかった状況を八人に増やすことはできます。たしかにそれでも二人を中退させてしまうという見方もできますが、逆に八人の子供を支援することに成功したともいえるのです。

一方で、②については、こぼれ落ちた人々に焦点を当てた活動をするということです。先の例でいえば、孤児院に一旦《いったん》は収容されたものの、シンナーが止められずに路上へもどっていったストリートチルドレンを集中的に保護するシステムをつくるということです。もちろん、こぼれ落ちた人にはそれなりの問題があり、それを解決するのは並大抵の努力ではかないません。しかし、誰かがそれをしなければ、こぼれ落ちた子供はずっと放置されるだけであり、それだけ大切な存在なのです。

私はこれら二つの支援のどちらが優れているか、劣っているかを主張したいのではありません。①と②、どちらも同じぐらい必要であり、二つをうまく組み合わせるからこそ保護が可能になるのです。

注意すべきは、何か一つの支援だけに人が集まることです。それがどれだけ有効であろうと、限界があり、こぼれ落ちてしまう人がでてきます。万全の政策がないからこそ、より多くの人々がより多くの形で支援に携わっていくことが大切なのです。「これをやればいい」というのではなく、「私はこれをやるから、あなたはあっちをやって」というのがより良い支援のあり方だと思うのです。

その時に重要なのは、**現地の人々の本当のニーズをしっかりと見極めること**です。そのためには人の意見を鵜呑みにするのではなく、自分自身の目で物事を見ていく必要があります。「私はこれをやるから、あなたはあっちをやって」というためには、実際に現場に赴いてその目でしっかりと現実を見極めなければなりません。そうすることで、自分が何をするべきかを決めることができるのです。

現地へ赴いて様々な問題を見つめるのは易いことではありません。しかし、そもそも支援というのは簡単なものではないのです。やったことがない人には想像ができないほど大変な作業なのです。だからこそ、支援を目指すのであれば、それなりの覚悟を持ってやることが必要なのです。もしあなたが少しでも世界を良くしていこうと本気で考えているのならば。

おわりに

世界に飛び出すこと、学ぶということ、現実を直視するということ、支援するということ。

本書では、私の経験を交えて、大きく四つのことをテーマにして考えてきました。これまで受けた質問を中心にして、特にこれから世の中で何かをやっていこうという若い方にあてて書いたつもりです。

現在、日本の若い人は消極的になっていると言われています。働くことにおいても、学ぶことにおいても、人と付き合うことにおいても、ハングリー精神をむき出しにしてやることが少なくなっているというのです。

私にはこれが事実なのかどうかわかりません。ただ、一つ言えるのは、いつの世でも「やる人」と「やらない人」の二つにわかれるということです。そして、やる人は、決まってエネルギーに満ちています。

やる人のエネルギーは、周りの人間につたわるものです。だからこそ、その人の周りには自然と面白く優秀な人が集まってくるし、物事が奇跡のように成功へと進んでいくのです。

私自身、現在の仕事を通して大勢の「やる人」に会ってきました。彼らに共通しているのは、エネルギーがあることです。体の内面からエネルギーがみなぎっているのです。

今、世界はかつてないほどの広がりを持っています。何かをしようとしたら、おそらくこれまで以上に大きなエネルギーが必要とされるかもしれません。身近にいる人々だけでなく、外国で暮らす人を含めてより広いところにつたえていかなければならないからです。

これを読んでいる方は志のある人ばかりだと思います。若いうちに一度でいいですから第一線で活躍する人に会いに行ってみてください。講演だって、サイン会だって、何でもいいです。とにかく、一度直接会ってみてください。

みなさんは本人を前にして圧倒的なエネルギーを感じるでしょう。その人が黙って立っているのを見るだけでも、ワクワクと胸が躍るような気持ちになったり、緊張して背筋がまっすぐに伸びたりするはずです。それは、その人自身が心を躍らせて何かをやっていたり、寒気さえ感じるほど物事に打ち込んでいたりするからです。

このエネルギーを体感することは、みなさんにとってとても有意義なはずです。もしみなさんが何かをやろうとすれば、その人以上のエネルギーに満ちた人間にならなければなりません。それには何をすればいいか。本書を読んできたみなさんは、すでに十分すぎるほどわかっているでしょう。

みなさんがエネルギーを身につけ、目標に向かって邁進《まいしん》すれば、かならず世界は変わっていきます。人々はあなたに引きつけられます。そうなった時、世の中は今以上に刺激的なものになるはずです。

私はそうした世界に生きたいと願います。だからこそ、みなさん一人ひとりがエネルギーに満ちた人間になってもらいたい。

本書をそのための踏み台としてください。

さあ、やりましょう。

ちくまプリマー新書

106 多読術
松岡正剛
読書の楽しみを知れば、自然と多くの本が読めます。著者の読書遍歴をふりかえり日頃の読書の方法を紹介。さまざまな本を交えながら、多読のコツを伝授します。

035 俳優になりたいあなたへ
鴻上尚史
女優・男優を夢見る若者に、できる限り具体的でわかりやすい方法論をしめす一方、俳優で生活していくことの現実も伝える。合理的で、やさしさにあふれた手引書。

061 「世界征服」は可能か？
岡田斗司夫
アニメや漫画にひんぱんに登場する「世界征服」。だが、いったい「世界征服」とは何か。あなたが支配者になったとしたら？ 思わずナットクのベストセラー！

098 ゲームの教科書
馬場保仁
山本貴光
世界に冠たるゲーム大国日本。が、意外に知られていない仕事や業界の実態。開発はどのように進められるのか。制作者の毎日とは。働く人から遊ぶ人まで必読の基本書。

159 友達がいないということ
小谷野敦
「便所めし」という言葉があるが、友達がいないということは、「もてない」よりもつらいかもしれない。文学作品を始め、さまざまな視点から描く、ネット時代の友達論。

127 遠野物語へようこそ
三浦佑之
赤坂憲雄
豊かで鮮やかな世界を秘めた『遠野物語』。河童、神隠し、座敷わらし、馬との恋、狼との死闘、山男、姥捨て……。物語の不思議を読み解き、おもしろさの秘密に迫る。

053 物語の役割
小川洋子
私たちは日々受け入れられない現実を、自分の心の形に合うように転換している。誰もが作り出し、必要としている物語を、言葉で表現していくことの喜びを伝える。

ちくまプリマー新書

116 ものがたり宗教史　浅野典夫
宗教は世界の歴史を彩る重要な要素のひとつ。異文化への誤解をなくし、国際社会の中での私たちの立ち位置を理解するために、主要な宗教のあらましを知っておこう。

162 世界の教科書でよむ〈宗教〉　藤原聖子
宗教というとニュースはテロや事件のことばかり。子どもたちは学校で他人の宗教とどう付き合うよう教えられているのか、欧米・アジア9か国の教科書をみてみよう。

184 イスラームから世界を見る　内藤正典
誤解や偏見とともに語られがちなイスラーム。その本当の姿をイスラーム世界の内側から解き明かす。イスラームの「いま」を知り、「これから」を考えるための一冊。

082 古代から来た未来人 折口信夫　中沢新一
古代を実感することを通して、日本人の心の奥底を開示した稀有な思想家・折口信夫。若い頃から彼の文章に惹かれてきた著者が、その未来的な思想を鮮やかに描き出す。

165 ヒロシマ、ナガサキ、フクシマ　――原子力を受け入れた日本　田口ランディ
世界で唯一原爆を落とされた国が、なぜ原発大国になったのか？　歴史を振り返り、圧倒的な想像力で描き出す。これからの「核」を考えるための最初の一冊。

142 14歳からの靖国問題　小菅信子
英霊、名誉の戦死、戦犯合祀……。いまなお靖国神社につきまとう様々な問題を通して、戦死者の追悼を平和と和解の未来へつなげるにはどうしたら良いかを考える。

129 15歳の東京大空襲　半藤一利
昭和十六年、東京下町の向島。すべてが戦争にくみこまれる激動の日々が幕をあけた。戦時下を必死に生きた一少年が、悩み、喜び、悲しみ、何を考えたかの物語。

ちくまプリマー新書

143 **国際貢献のウソ** 伊勢﨑賢治

国際NGO・国連・政府を30年渡り歩いて痛感した「国際貢献」の美名のもとのウソやデタラメとは。思い込みを解いて現実を知り、国際情勢を判断する力をつけよう。

047 **おしえて！ ニュースの疑問点** 池上彰

ニュースに思う「なぜ？」「どうして？」に答えます。今起きていることにどんな意味があるかを知り、自分で考えることが大事。大人も子供もナットク！の基礎講座。

028 **「ビミョーな未来」をどう生きるか** 藤原和博

「万人にとっての正解」がない時代になった。勉強は、仕事は、何のためにするのだろう。未来を豊かにイメージするために、今日から実践したい生き方の極意。

002 **先生はえらい** 内田樹

「先生はえらい」のです。たとえ何ひとつ教えてくれなくても。「えらい」と思いさえすれば学びの道はひらかれる。——だれもが幸福になれる、常識やぶりの教育論。

095 **目と耳と足を鍛える技術**
——初心者からプロまで役立つノンフィクション入門 佐野眞一

脳みそに汗かいて考えろ！ 世の中を一つ余さず凝視し、問題意識を身につける技術とは？ 日本の戦後史、平成史を縦横無尽に俯瞰しながらその極意を伝授する。

102 **独学という道もある** 柳川範之

高校へは行かずに独学で大学へ進む道もある。通信大学から学者になる方法もある。著者自身の体験をもとに、自分のペースで学び、生きていくための勇気をくれる書。

137 **東大生・医者・弁護士になれる人の思考法** 小林公夫

受かる人はどこが違うのか。30年間予備校や大学で数え切れない程の受験生を指導した結果みえたこととは？ 勉強法を示しつつ難関に立ち向かうことの意味をも考える。

ちくまプリマー新書

099
なぜ「大学は出ておきなさい」と言われるのか
――キャリアにつながる学び方
浦坂純子
将来のキャリアを意識した受験勉強の仕方、大学の選び方、学び方とは？　就活を有利にするのは留学でも資格でもない！　データから読み解く「大学で何を学ぶか」。

197
キャリア教育のウソ
児美川孝一郎
この十年余りで急速に広まったキャリア教育。でも、正社員になれればＯＫ？　やりたいこと至上主義のワナとは？　振り回されずに自らの進路を描く方法、教えます。

126
就活のまえに
――良い仕事、良い職場とは？
中沢孝夫
世の中には無数の仕事と職場がある。その中から、何を選ぶのか。就職情報誌や企業のホームページに惑わされず、働くことの意味を考える、就活一歩前の道案内。

020
〈いい子〉じゃなきゃいけないの？
香山リカ
あなたは〈いい子〉の仮面をかぶっていませんか？　時にはダメな自分を見せたっていい。素顔のあなたのほうがずっと素敵。自分をもっと好きになるための一冊。

074
ほんとはこわい「やさしさ社会」
森真一
「やさしさ」「楽しさ」が善いとされ、人間関係のルールである現代社会。それがもたらす「しんどさ」「こわさ」をなくし、もっと気楽に生きるための智恵を探る。

156
女子校育ち
辛酸なめ子
女子100％の濃密ワールドの洗礼を受けた彼女たちは、卒業後も独特のオーラを発し続ける。文化祭や同窓会潜入も交え、知られざる生態が明らかに。ＬＯＶＥ女子校！

169
「しがらみ」を科学する
――高校生からの社会心理学入門
山岸俊男
社会とは、私たちの心が作り出す「しがらみ」だ。「空気」を生む社会そのものの構造を解き明かし、自由に生きる道を考える。ＫＹなんてこわくない！

chikuma primer shinsho

ちくまプリマー新書198
僕《ぼく》らが世界《せかい》に出《で》る理由《りゆう》

二〇一三年七月十日　初版第一刷発行

著者　石井光太（いしい・こうた）
装幀　クラフト・エヴィング商會
発行者　熊沢敏之
発行所　株式会社筑摩書房
東京都台東区蔵前二－五－三　〒一一一－八七五五
振替〇〇一六〇－八－四一二三
印刷・製本　中央精版印刷株式会社
ISBN978-4-480-68900-9 C0295 Printed in Japan

乱丁・落丁本の場合は、左記宛にご送付下さい。
送料小社負担でお取り替えいたします。
ご注文・お問い合わせも左記へお願いします。
〒三三一－八五〇七　さいたま市北区櫛引町二－六〇四
筑摩書房サービスセンター　電話〇四八－六五一－〇〇五三